인생의 운

사주
성명학 편

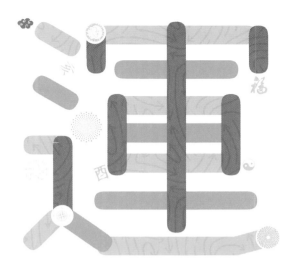

運
인생의 운

조규문(경기대 겸임 교수) 지음

사주
성명학 편

알에이치코리아

만 원짜리 지폐 안에
명리학의 기본이 모두 들어 있다!

명리학은 사람이 살아가면서 마주하게 되는 좋은 일과 나쁜 일을 미리 알아보고자 하는 학문이다. 흔히 일상적으로 접하는 관상, 사주, 풍수지리, 성명학 등이 여기에 포함된다. 그런데 이 운명예측학에는 기본적으로 음양오행과 천문학이 바탕에 깃들어 있다. 음양오행과 천문학이라면 어디선가 한 번쯤 들어봤을 것이다. 그러나 구체적으로 의미를 알려고 들면 또 어렵게 느껴지는 것이 음양오행과 천문학이다. 이것들을 가장 가깝고도 쉽게 이해할 수 있는 단서가 하나 있다. 바로 우리 지갑 속에서 일상적으로 만나는 만 원짜리 지폐다.

만 원짜리 지폐 안에 음양오행과 천문학이 들어 있다니 의아해하는 사람이 적지 않을 것이다. 그 지폐를 자세히 들여다보면, 먼저 앞면에는 세종대왕의 초상화가 눈에 띈다. 세종대왕의 초상화 뒷 배경에는 '일월오봉도(日

月五峯圖)'가 펼쳐져 있다. 세종대왕의 초상화는 한국 현대미술에서 최고의 동양화가로 칭송받는 고(故) 김기창 화백의 작품이다. 세종대왕의 근엄하고도 온화한 자태가 수염 한 가닥까지 세밀하게 묘사되어 있다. 그런데 아마도 김기창 화백은 동양화뿐 아니라 관상학에도 조예가 깊었던 것임에 틀림없다. 바로 이 만 원짜리 지폐에 그려진 세종대왕의 초상화가 관상학적으로 가장 이상적인 제왕의 얼굴을 드러내고 있기 때문이다.

세종대왕의 초상화를 보면, 먼저 얼굴형은 세로로 살짝 긴 안정적인 모양을 갖췄다. 이는 여러 가지 얼굴 모양 가운데에서 으뜸으로 치는 얼굴형이다. 또 관상에서는 얼굴을 이마, 눈과 코, 입부터 아래턱까지 3등분해 각각의 비율을 보는데, 각각의 비율이 1 대 1 대 1이 되었을 때 황금비율이라고 한다. 다름 아닌 세종대왕의 얼굴 모양이다. 또 눈, 눈썹, 코, 입, 이마, 턱의 모양은 어떤가. 눈은 마치 새가 위로 날아오르는 듯 가늘고 길게 뻗어 있고 눈동자의 흑과 백은 분명하다. 관상에서 '봉의 눈'이라 하여 제일 좋은 눈으로 치는 모양새다. 봉이란 다름 아닌 왕의 상징이기 때문이다. 이번에는 눈썹을 보자. 눈썹은 보기 좋게 적당히 굵으면서 반듯하고 가지런하다. 눈썹은 관상에서 형제복을 보는 곳인데, 세종대왕의 초상화는 형제복이 좋은 눈썹으로 그려져 있다. 그래서일까? 세종대왕은 태종의 셋째 아들로 태어났지만 두 형들의 큰 반대 없이 순조롭게 왕위를 계승했다. 이번에는 관상에서 재물을 보는 코를 보자. 코는 살집이 있고 반듯하며 위에서 아래로 곧고 힘차게, 또 바르게 뻗어야 재물운이 좋은 상이다. 세종대왕의 코가 바로 이런 코다. 재물이 드는 복코를 가진 덕분인지, 세종대왕의 치세에서는 나라의 경제가 좋아져 백성들이 부유하게 살았다고 한다. 입술은 어떠한가. 위와 아랫입술의 굵기가 일정하게 같으면서도 알맞게 두툼하고 가지런해야 좋은 입술이다. 입꼬리가 위로 올라가 웃는 모양이면 더욱 좋다. 입술의 색깔은 붉고 윤택해야 하며, 이런 상은 부부금슬이 좋고 건강하며 인기도 많다. 역시 초상화의 입술과 같은 모양이다. 좋은 관상의 이마는 세종대왕 초상화처럼 넓고 반듯하고 두툼해야 한다. 이런 이마는 부모운과 직장운이 좋고 명예롭다. 세종대왕의 아버지는 왕이었고 자신도 왕이 되었다. 게다가 세종대왕은 우리나라의 역대 지도자 가운데 가장 훌륭한 인물로 지금까지 칭송되고 있다. 양악과 아래턱은 갸름한 것보다는 적당히 살집이 있고 두툼하며 널찍해야 좋다. 이런 상은 인기가 많고 부하들이 많이 따른다. 또 건강하다. 세종대왕의 초상화 역시 양악과 아래턱이 알맞게 두툼한 것이 보기 좋도록 그려졌다. 만 원짜리 지폐 속에는 이처럼 좋은 관상의 기본이 모두 들어 있다. 관상에 관해서는 이 책《인생의 운》〈관상 · 풍수 편〉에서 자세히 설명하고자 한다.

이번에는 세종대왕의 초상화 뒤 배경으로 그려진 일월오봉도를 관찰해보자. 이곳에 바로 풍수가 숨겨져 있다. 풍수란 땅에서 좋은 바람과 물을 찾는 것이다. 5개의 산봉우리는 땅이며 산에서 쏟아지는 폭포는 물이다. 그리고 산봉우리 옆에 선 두 그루의 소나무는 바람이 부는 것을 상징한다. 좋은 땅과 좋은 바람, 좋은 물이 있는 곳을 찾는 것이 곧 풍수지리다. 또 일월오봉도는 음양오행을 상징하고 있기도 하다. 일월오봉도는 예로부터 왕의 상징이었다. 왕이 앉아 있는 자리, 즉 용상(龍床) 뒤에 놓인 병풍에 주로 그려져 있던 그림이 바로 일월오봉도이다. 지금도 경복궁, 창덕궁, 창경궁과 같은 고궁에 가면 용상의 뒤에 버티고 선 일월오봉도를 쉽게 찾아볼 수 있다. 그렇다면 왜 하필 일월오봉도가 왕의 상징이 된 것인지 궁금해진다. 일월오봉도란 일월(日月)과 오봉(五峯)이 그려진 그림이다. 일월은 태양과 달을 뜻한다. 일월오봉도에서 5개의 산봉우리 위에 떠 있는 하얗고 빨간 2개의 원이 바로 일월인 것이다. 일월은 태양과 달이니 곧 태양의 양과 달의 음, 음양을 나타낸다. 다섯 봉우리를 뜻하는 오봉은 오성을 뜻하니 목성, 화성, 금성, 수성, 토성을 나타낸다. 즉 오성은 목, 화, 토, 금, 수로 이루어진 오행과 같은 것이다. 이렇게 해서 일월오봉도는 곧 음양오행이 된다. 음양오행은 옛날에는 오직 제왕만이 접근할 수 있었던 학문으로 일반인들은 감히 들여다볼 수 없는 분야였다. 이 책에서는 일월오봉도와 관련된 2개의 상징, 풍수와 음양오행에 대해《인생의 운》〈관상 · 풍수 편〉 '2장 땅의 도'와 〈사주 · 성명학 편〉 '1장 하늘의 도'에서 함께 살펴보자.

다음은 성명학이다. 만 원짜리 지폐에서 또 한 가지 놀라운 것은, 일월오봉도가 나타내는 음양오행의 원리가 바로 성명학과 연결된다는 점이다. 성명학은 이름을 짓는 방법을 명리학에서 부르는 말이다. 우리가 흔히 이름을 지을 때, 대부분이 소리글자인 한글과 뜻글자인 한자를 조합해서 만든다. 그러나 이름은 뜻을 새기는 것보다 불러주고 듣는 것을 우선으로 친다. 따라서 이름에서는 뜻글자인 한자보다 소리글자인 한글이 더 중요하게 다뤄진다. 바로 세종대왕이 만든 훈민정음 말이다. 훈민정음 서문에 이런 말이 있다. "우리나라 말은 중국과 달라 문자가 서로 다르기 때문에 사람들이 기존의 중국식 말과 글을 배워 사용하기가 어렵다. 이런 이유로 한글을 만드니 쉽게 배워서 편안히 사용하기를 바란다." 백성들이 편하고 쉽게 배우고 쓸 수 있도록 만든 훈민정음은 음양오행의 원리를 적용해 만들어졌다. 오행의 원리를 잘 적용해 지은 이름은 그 사람에게 복을 불러일으킨다는 이치다. 성명학에 대해서는 《인생의 운》〈사주·성명학 편〉 '3장 소리의 도'에서 좀 더 구체적으로 다뤄보겠다.

지금까지 만 원짜리 지폐의 앞면을 살펴봤다. 벌써 음양오행과 풍수, 성명학까지 찾아냈다. 그러니 이제는 뒷면을 들여다보자. 지폐의 뒷면에는

하늘에 있는 별자리 모양이 그려져 있다. 이 그림은 '천상열차분야지도(天象列次分野之圖)'라고 하는데, 옛날 우리나라의 밤하늘 별자리의 위치를 그려낸 것이다. 하늘과 별을 나타낸 그림 앞에는 하늘을 관측하는 기구인 '혼천의(渾天儀)'가 놓여 있다. 이처럼 만 원짜리 지폐의 뒷면은 오늘날의 천문학을 상징하고 있다. 하늘에 떠있는 태양과 달, 그리고 목성, 화성, 토성, 금성, 수성은 앞서 일월오봉도가 상징하는 음양오행과 맥을 잇는다. 태양과 달, 그리고 오행성은 음양오행 이론의 바탕이 되었지만 더불어 이들의 움직임을 관찰한 달력을 만들게 된 기준이기도 하다. 태양과 달, 오행성의 그림은 곧 천문학과 연결되고, 천문학은 다시 달력과 연결되며 달력은 사람의 미래에 일어날 좋은 일과 나쁜 일을 예측하는 사주에서 이용된다. 사주란 자신이 태어난 생년, 생월, 생일, 생시라는 4개의 시간을 통해 운명을 미리 알게 해주는, 오늘날로 따지면 QR코드화된 달력과 다름없다. 이 책《인생의 운》〈사주·성명학 편〉의 '1장 하늘의 도'에서 하늘과 달력의 상관관계에 관해 다루고, '2장 시간의 도'에서 사주의 논리와 사주를 풀이하는 방법에 대해 가능한 쉽게 설명하고자 했다.

인생의 내비게이션, 따를 것인가 말 것인가!

만 원짜리 지폐 속에는 사람의 운명을 예측하는 명리학이 모두 들어 있었다. 종합하면 명리학은 음양오행과 천문학을 이론적 바탕으로 삼아 사주, 관상, 성명학, 풍수지리를 통해 인간의 운명을 예측하는 것이다. 그런데 왜 하필이면 만 원짜리 지폐 속에 명리학을 숨겨둔 것일까? 추측하자면 만 원짜리 지폐의 상징성 때문일 듯하다. 만 원짜리 지폐는 꽤 오랫동안 최고 단위의 화폐로 쓰이며 돈을 상징해 왔다. 돈은 우리의 삶에 꼭 필요한 것이며, 요즘에는 꼭 필요한 것을 넘어 최고의 가치로 추앙되기도 한다. 우리의 삶은 돈과 매우 긴밀하게 연결되어 있고 마찬가지로 관상, 사주, 성명학, 풍수지리로 이뤄진 명리학 역시 그러하다. 아니, 명리학이라는 운명의 내비게이션 없이는 살아가기 힘들다는 것을 의미하는 것일지도 모른다.

그래서 사람의 운명을 예측하는 점(占)의 역사가 깊은 것이다. 원시시대부터 첨단 과학문명이 발달한 오늘날까지, 점 문화는 사라지지 않고 계속되고 있다. 그 중에서도 명리학이 소멸되지 않았던 것은 현실생활에서 작용하는 긍정적인 기능이 있었기 때문이다. 신라시대부터 고려시대, 조선시대에 이르면서 그 중요성은 사회적으로 부각되기도 했는데, 운명을 예측하는 관리를 과거제도를 통해 국가에서 직접 뽑을 정도로 명리학에 대한 신뢰가 깊었던 적도 있다. 반대로 점 문화가 사회에 부정적인 영향을 준다며 억압하던 시기도 있었다. 시대적인 상황과 정치적인 이유로 명리학의 가치를 부정하고 사회의 음지로 내몰던 시기였다. 그럼에도 불구하고 명리학은 명맥을 이어 끊임없이 양지를 지향해 왔다. 겉으로 드러내지도 못했던 억압과 천대를 받던 시기에 오히려 사람들의 실생활 깊숙이 들어가 힘들고 어려운 사람들에게 용기를 북돋아주고 길을 제시하기도 했다. 때로는 미로에 갇힌 사람들에게 방향을 제시하고 새로운 희망을 주는 등 운명상담가로서의 역할을 담당해 온 것이다.

명리학은 운명의 길흉화복을 미리 알고 그에 대한 대처를 미리 할 수 있도록 하자는 좋은 의의를 지니고 있다. 길흉화복을 미리 아는 사람은 다가올 미래에 대해서 훨씬 유연하고 적절하게 대응할 수 있을 것이다. 그런데 이 지점에서 한 가지 중요한 것이 있다. 본격적인 명리학 공부에 들어가기에 앞서 우선 한 가지 당부를 남기고자 한다. 좋든 싫든, 사람의 운명에는 좋은 일과 나쁜 일이 번갈아 생기게 마련이다. 그리고 좋은 일과 나쁜 일은 오직 자신만이 겪어내야 할 자신의 인생길이다. 그렇다면 그 앞에서 어떤 행동을 할 것인가를 결정하는 것은 무엇일까? 결국 그 사람의 마음이다. 이 말은 곧 명리학을 통해 사람의 미래를 예측할 수는 있지만 그 인생을 살아가는 당사자의 성향과 마음이 운명을 결정짓는다는 뜻이다. 마지막으로 다시 한 번 강조한다. 운명을 살아가는 것은 사람이요, 사람을 지배하는 것은 마음이다!

조 규 문

2장
시간의 도

3장 소리의 도 성명학

1장

하늘의 도

음양오행

01

고대 하늘은
어떤 존재였을까?

      사람은 태어나서 죽을 때까지 하늘의 영향을 받으며 살아간다. 그래서 예부터 인간은 하늘을 매우 중요한 것으로 여겼으며 그에 대한 끝없는 의문을 가지고 탐구해 왔다. 옛날 중국에서 하늘은 여러 가지 의미로 다루어졌다. 이를테면 하늘을 '주재지천(主宰之天)'이라 하여 하늘이 세상 모든 것을 다스린다고 하늘을 정의하였다. 또한 '자연지천(自然之天)'이라고도 하였는데, 이는 태양계 행성들의 움직임으로 일어나는 지구의 사계절 변화 등 모든 자연의 운행이 하늘에서 비롯된다는 말이다. 이는 오늘날의 천문학 내지는 지구 과학을 뜻하는 의미이기도 하다. 그리고 사람의 능력으로는 어찌 할 수 없는, 삶에서 맞이해야 할 운명을 주관하는 하늘이라는 뜻으로 '운명지천(運命之天)'이라고도 했다. 동시에 운명에만 머무는 것이 아니라 사람의 길흉화복을 예측하여 나쁜 것을 피하고 좋은 것을 얻는 등 운명을 극복하게 해주는 '점성지천(占星之天)'이라고도 했다. 이와 같이 세상만사의 진리를 품고 있는 것을 하늘이라고 본 옛 사람들은 하늘을 공부하는 것은 곧 왕의 학문이라고 생각했다. 그래서 일반인들은 하늘과 관련된 분야에는 접근조차 할 수 없었다.

'역법(曆法)'이란 하늘에 있는 행성들의 운행을 관찰해서 달력을 만드는 방법을 말한다. 옛 사람들은 하늘을 신성한 존재로 여기고 사람과 직접적이고 긴밀한 관계를 맺고 있다고 생각했다. 그래서 하늘에서 벌어지는 모든 일들을 주의 깊게 관찰하고, 그곳에서 일어나는 일들을 사람의 생활에 그대로 반영하고 해석하려 했다. 하늘의 태양과 달, 그리고 오성과 행성들의 움직임을 정밀하게 관측해 역법을 연구하여 달력을 만든 것이다. 자연의 주기적인 변화를 기록한 달력은 인간의 생활에 실질적으로 도움이 되는 수단으로 활용됐다. 또한 제왕의 학문으로 여겨져 왕이 일반 백성들에게 언제 무엇을 해야 하는지 정확한 때(時)를 알려주는 도구로 사용됐다. 그래서 달력은 통치와 관련된 가장 중요한 학문 중의 하나로 다루어졌다.

하늘과 땅 그리고 사람

고대 중국의 천체구조론은 한나라에 이르러 활발하게 전개되었다. 오늘날 그 당시 중국에서 하늘에 대해 연구하는 학문을 '고천문(古天文)'이라 한다. 고대의 천문학을 가리키는 고천문은 점성학과 동일시되면서 정치와 생활, 그리고 사회와 문화 전반에 걸쳐 커다란 영향을 줄 만큼 중요하게 다루어졌다.

하늘은 사람을 비롯한 모든 생물과 무생물의 명(命)을 주관하고, 만물의 위에 있으면서 땅에 있는 모든 것을 다스린다. 땅은 하늘(天)의 기운을 받아 모든 생물을 만들고 품고 기른다고 생각하였다. 그래서 자연스럽게 "하늘과 사람은 긴밀하게 연결되어 있다"는 뜻의 '천인감응(天人感應) 사상'이 만들어졌다.

《중국천문학사》를 보면 "천인감응은 점성술의 이론적 근거의 출발점"이라는 말이 나온다. 천인감응은 하늘에서 일어나는 모든 현상이 사람을 포함한 자연의 모든 사물과 서로 연관되어 반응한다고 전제한다. 그래서 천인감응사상은 정치 · 인간 · 종교 · 문화 · 기후 · 신화 · 역사 등과도 긴밀하게 연결되어 있다는 것이다. 시시각각 변하는 하늘의 모양은 사람과 땅의 모든 사물과 밀접하게 연관되어 있다는 것, 여기에서부터 점을 보는 방법인 '명리 이론'은 시작된다.

고천문이란?

고천문은 고대 중국의 천문학으로 오늘날의 천문학과 점성술을 합친 것이다. 천문학은 일반적으로 하늘의 현상에서 규칙성을 찾아내는 것이다. 반면 점성술은 규칙적인 하늘의 현상에서 규칙적이지 않은 것, 돌발적인 것과 이상현상을 찾아내 사람과 사회의 길흉화복을 예견하는 것이다.

고천문은 일반적으로 오늘날의 천문학과 같은 것으로 본다. 하지만 고천문은 하늘의 현상만 관찰한 것이 아니라 이를 사람의 길흉화복과 관련지어 해석하고 다루는 점성술과도 맥이 닿아 있다. 《중국의 과학과 문명》의 저자 조셉 니덤(Joseph Needham)은 "천문학과 점성술은 처음에는 동의어였다"고 말한다. 점성술에 대해 많은 연구를 해온 일본 도쿄 대학의 과학철학과 나카야마 시게루 박사는 아예 천문학과 점성술을 합쳐 '천문점성술'이라는 단어를 즐겨 썼다. 천문점성학은 경험주의에서 출발하는데, 이것은 오늘날 일기예보의 근본 원리라는 것이다. 오늘날의 천문학에서는 길흉화복을 다루는 점성학이 제외되고 철저히 자연 관찰과 과학적인 부분만을 다루고 있지만 옛 고천문에는 천문학과 점성학이 함께 했음을 알 수 있다.

고대 중국의 고천문과 같은 것은 서양에서도 발견된다. 서양의 천문학은 왕이 자신의 건강과 왕권의 수호, 또 백성의 통치를 위해서 점성술과 더불어 기후를 예측하는 달력을 만드는 것에서부터 시작됐다.

이렇듯 옛날에는 동서양을 막론하고 천문학이란 과학과 점성술의 양면성을 가진 것으로 보았으며 같은 이론으로 다루었다. 때문에 당시의 지배층과 지식인들은 천문학과 점성술을 매우 중요한 것으로 다루며 연구했다.

고대 천문학은 그야말로 실용적, 정치적, 상징적인 필요에 의해 발달한 것이다. 먼저 실용적인 측면에서는 농사를 짓기 위해서 정확한 기후와 날짜의 관측이 이루어졌다. 정치적, 상징적인 측면에서는 왕권의 강화와 백성을 다스리는 정치이념의 필요에 의해 이루어졌다. 특히 이 부분에서 가장 영향력을 행사한 것이 점성학이다. 그래서 하늘의 해와 달의 움직임, 계절에 따른 별자리의 변화, 유성과 혜성의 출현과 같은 하늘의 현상은 옛 사람들에게 대단히 중요한 상징성을 전하고 있었다.

중국에서 전해지는 유교의 기본 경전인 '삼경(三經)' 중의 하나 《서경書經》과 한나라의 역사서인 《한서漢書》를 보면, 천문학은 훌륭한 왕이 정치를 하기 위해 반드시 필요로 한 학문이었음을 알 수 있다. 목성, 화성, 토성, 금성, 수성으로 구성된 오성과 태양과 달을 관측하는 일은 매우 중요했다. 태양이 지나는 자리를 각각 표준이 되는 28개 별자리로 정하여 28수(宿)라 하였고, 하늘을 관찰하는 중요한 기준으로 삼았다. 밤하늘의 북극성도 28수와 더불어 중요한 관찰 대상이었다. 북극성을 찾는 표지가 된 북두칠성은 하늘의 방위를 결정하는 기준으로 삼았는데, 북두칠성의 '두병(북두칠성 가운데 자루가 되는 세 별, 형성衡星과 개양성開陽星, 그리고 요광성搖光星을 말한다)'이 방위와 계절, 그리고 시간을 가리키는 표시로 사용되었다.

사마천이 저술한 역사책 《사기史記》에는 하늘의 별자리에 관직을 부여하여 '천관(天官)'이라 하였다는 말이 나온다. 하늘을 인간사회의 관직과 사회적 관계에 비유하고 있는 것이다. 이렇듯 옛 사람들은 하늘과 땅과 사람을 분리해서 보지 않았다. 마치 사람이 살고 있는 세상에서 일어날 일을 하늘이 미리 알려주는 역할을 하고 있었다. 이것이 바로 천인감응사상이다. 천인감응을 바탕으로 한 천문학에 유교, 도교, 불교의 사상이 어우러져 천문, 달력, 역학, 음양오행, 풍수, 점성술, 명리학 등이 탄생한다. 그러므로 고대 중국의 천문학을 연구하려면 천문과 달력(역법曆法), 그리고 점성학을 함께 공부해야 한다.

02

인간을 지배한
고대의 달력

천문(天文)이란 하늘의 현상으로 하늘
이 존재하고 운행하는 체계다. 반면 인문(人文)은 인간의 삶과 질서, 문화 등
의 현상 체계다. 천문과 달력(역법)은 서로 분리해서 생각할 수 없는데, 태양
과 달, 목성·화성·토성·금성·수성을 뜻하는 '일월오성(日月五星)'이 하늘
의 공간을 운행함으로써 시간의 주기인 달력을 만들어내기 때문이다. 그런
데 사람이 살아가는 사회의 질서는 이 달력을 매개로 하늘과 연결되어 있
다. 달력의 가장 근본적인 기능은 시간을 알려주는 것이다. 그것을 기준으
로 사람은 앞으로 해야 할 일들을 정하거나 계획을 세운다. 이렇게 사람은
시간 속에서 살아가며 시간은 삶과 하나가 되어 진행된다. 이런 이유로 달
력은 하늘의 규칙적인 움직임을 기록한 것이며, 해와 달의 운행과 자연의

질서를 알려주는 것이지만 인간의 삶을 지배하는 것이기도 하다.

고대의 달력이란 어떤 의미일까?

옛 중국에서 달력은 단순히 날짜를 기록하는 것만을 의미하지 않았다. 달력은 사람들에게 가장 중요했던 농사와 관련해 날씨를 알려주는 기능을 담당했다. 또 자연의 진행과 하늘의 행성들의 운행에 맞춰 흉한 것을 멀리하고 좋은 날을 선택하기 위한 생활의 알림 표시였다. 이것이 바로 오늘날 날짜의 표기만을 의미하는 달력과 다른 지점이다. 오늘날의 명리상담가를 예전에는 '일자(日者)'라고 불렀는데, 일자란 좋은 날짜를 선택하여 택일을 해주는 사람을 뜻한다. 사주명리의 궁극적인 목적도 길(吉)한 날짜를 찾아서 좋은 운을 받는 데 있다. 나아가고 물러날 줄 아는 것, 즉 때를 정확히 알아야 불행을 예방하고 성공하고 행복해질 수 있기 때문이다. 때를 알아 행동하는 것은 하늘의 도리에 맞춰 살아가는 것과 같다. 때문에 고대에는 《사기》에 '일자열전(日者列傳)'이 따로 있을 정도로 일자에 대한 관심과 대우가 높았다.

하늘과 인간의 생에 영향을 미치는 달력(역법)의 중요성이 이러하듯, 고대의 달력은 왕이 관리하는 것이었다. 옛날에는 왕이 되면 반드시 달력을 관리하는 일을 먼저 맡았는데, 왜냐하면 하늘과 밀접한 연관성을 가진 달력을 장악하는 것이야말로 자신이 왕이 된 것이 하늘의 뜻임을 밝히고, 동시에 민심을 잡을 수 있는 길이었기 때문이다. 더불어 농경사회에서 달력은 백성을 다스리는 중요한 수단이었기에 역법은 왕들이 가장 중요시하는 학문 중 하나였다. 달력을 만드는 방법 역시 국가적으로 중요한 연구 대상이었음은 당연하다.

달력의 원리, 역법(曆法)

역법은 달력을 만드는 방법을 말한다. 일반적으로 태음역·태양력·태음태양력 3가지 종류로 나뉜다. 태음력은 지금도 서남아시아나 회교도 사이에서 사용되고 있는데, 1년을 354일 또는 355일로 정하고 이것을 12개월로 나눈다. 태음력에서는 보름달이 된 때부터 다음 보름달이 될 때까지를 한 달로 정하고 있다. 태양력은 오늘날 우리가 사용하고 있는 달력이다. 다른 말로는 그레고리오(Gregorio)역이라 하는데, 지구가 태양을 공전하는 주기를 1년으로 하고 일년을 대략 365일로 나눈다. 1년에는 12개의 월(月)이 있으며 이것은 지구가 태양을 공전하는 관계에 근거하여 나눈 것이다. 태양력은 달이 지구를 도는 것과는 관계가 없다.

태음태양력은 우리가 일반적으로 음력이라고 부르는 달력을 말한다. 보름달이 된 때부터 다음 보름달이 될 때까지의 시간을 한 달로 정한 것은 태음력과 같다. 그렇지만 1년을 평년과 윤년으로 나누어 평년은 12개월로, 윤년은 13개월로 정했다. 여기에다 봄·여름·가을·겨울의 4계절을 두었다.

이렇게 태음태양력은 태음력과 태양력을 합하여 만든 것이기에 태음력이나 태양력보다 더 정교한 것이 특징이다.

시간의 단위는 지구의 자전과 공전이라는 2개의 운동에 의해서 이루어진다. 1일이라는 시간은 지구 자전의 1주기이고, 1년이라는 시간은 지구의 공전 1주기이다. 태양은 매일 정오에 자오선을 통과한다. 태양이 자오선을 지날 때부터 다시 자오선을 지날 때까지의 시간이 1태양일이다. 이것이 하루의 길이다. 그러나 지구 자전은 1도씩 더 돈다. 때문에 하루의 길이는 계절에 따라 평균 태양일과 50초까지 차이가 나기도 한다. 현재의 국제표준 기구에서 하루는 0시 0분에서 24시 0분까지 24시간이다.

옛 중국에서는 여러 가지 방법을 통해 태음태양력을 만들었다. 대표적인 것이 갑(甲), 을(乙), 병(丙), 정(丁), 무(戊), 기(己), 경(庚), 신(辛), 임(壬), 계(癸)로 구성된 '10간'과 자(子), 축(丑), 인(寅), 묘(卯), 진(辰), 사(巳), 오(午), 미(未), 신(申), 유(酉), 술(戌), 해(亥)로 구성된 '12지'를 이용해 '갑자(甲子)달력'을 만든 것이다. 갑자달력은 갑자년, 갑자월, 갑자일, 갑자시에서부터 시작한다. 갑자월, 갑자일은 동짓달 동짓날이며 갑자시는 0시이다. 이 시간에 정확히 북쪽에서 태양과 달, 목성·화성·토성·금성·수성이 하나의 점에서 모이고 이때가 0시로 출발점이 되는 것이다. 동짓날은 1년 중에서 햇볕이 내리쬐는 시간을 기준으로 낮의 시간이 가장 짧고 밤의 시간이 가장 긴 날이다. 이 날을 지나면 태양빛이 내리쬐는 시간이 길어진다. 그래서 동짓날을 기준으로 한 해의 시작을 정한 것이다.

한나라 황제인 무제는 즉위 1년(BC 104년)에 새로운 달력인 '태초력(太初

曆'을 만들었다. 12지에서 인월(寅月)을 한 해의 첫 달인 정월(正月)로 정하고, 입춘을 한 해의 시작하는 날로 정한 달력이었다. 갑자달력이 햇빛이 내리쬐는 시간의 길이를 기준으로 동짓날을 한 해의 시작으로 정한 것과 달리, 태초력은 기온이 가장 낮은 날을 한 해의 시작 날로 정했다. 이 날이 바로 입춘이다. 입춘을 기준으로 날씨가 따뜻해지기 시작한다. 오늘날 사주명리에서 사용하는 달력이 바로 태초력이다.

사주 달력과 오늘날 달력

지구를 포함한 하늘을 '우주(宇宙)'라고 한다. 우(宇)는 '공간'이고 주(宙)는 '시간'이라는 뜻이다. 사람은 광대한 공간의 축과 아득하게 오래되고 끝이 없는 시간의 축이 만나는 지점에서 살고 있다.

그런데 문제는 태양계의 행성들이 운행하는 하늘의 시간과 사람이 인위적으로 만든 시간 단위가 똑같지 않다는 점이다. 지구가 태양을 도는 시간은 일정하지 않다. 지구가 태양을 한 바퀴 도는 데 필요한 시간은 365일 5시간 48분 46초다. 하지만 이것을 매일 일정한 시간으로 간주하고 계산하여 달력을 만든다. 지구의 자전주기를 1일, 공전주기를 1년이라 하고 보름달이 된 때부터 다음 보름달이 될 때까지의 시간을 한 달로 정했다. 편의상 1년을 12로 균등하게 구분한 것일 뿐, 태양계 행성들의 운동 주기와는 아무런 관계가 없다. 마찬가지로 1년, 1일이라는 시간 단위 역시 사람이 편의상 구분한 것이다. 여기서 사람이 인위적으로 만든 달력과 태양계의 행성들이 운행하여 만들어낸 진짜 하늘의 시간에 오차가 생길 수밖에 없다. 달리 말하면 시간을 구분한 단위나 규칙은 얼마든지 바뀔 수 있다. 실제로 동서양 모두 그 시대를 다스리던 왕에 따라 달력이 바뀐 경우가 흔했다.

동양에서는 전통적으로 10간(갑, 을, 병, 정…)과 12지(자, 축, 인, 묘…)를 이용해 달력을 만들었다. 여기서 10간은 태양력을, 12지는 태음력을 나타내니 이 방식은 태음태양력이다. 이들 10간과 12지는 명리학에서 사주를 표현하는 부호로도 쓰인다. 이 부분의 자세한 내용은 뒤에서 다시 설명하겠다. 그렇다면 10간과 12지를 쓰지 않는 오늘날에는 어떤 달력을 사용하고 있을까?

1884년에 경도 15도마다 1시간의 차이로 동서(東西)에 따라 세계를 24개의 시간 구역으로 나누기로 국제적 합의가 이뤄졌다. 지구 경도의 기준은 런던을 지나는 자오선이다. 즉 영국의 그리니치 천문대의 제1호 자오의(子午儀)라는 망원경의 십자선을 통과하는 자오선이 지구의 경도 0도인 것이다. 0도를 중심으로 그리니치자오의 동쪽과 서쪽을 각각 180도까지 측정하고 동경 또는 서경으로 구별했다. 그러므로 지표상의 같은 경도에 있는 곳은 같은 시간이 되고, 경도가 다르면 시간도 달라지게 된다.

시차는 경도 15도마다 1시간이 되므로 한국의 표준시는 영국의 그리니치 표준시보다 9시간 빠르다. 현재 한국에서는 일본의 동경 135도의 경선을 표준 자오선으로 하고 있다. 그래서 서울의 경도인 약 127도와 8도의 차이가 난다. 따라서 알고 보면 서울 사람들은 실제의 평균 태양시보다 약 32분 빠른 생활을 하고 있는 것이다. 그러므로 서울에서 사주를 보는 경우에는 태어난 시간에서 32분을 빼서 계산해야 한다.

다음 표는 우리나라 각 지역의 경도이다. 사주를 풀이할 때 태어난 지방에 따라 참고하여 적용하면 유용하다.

■ **우리나라 지역의 경도와 시차**

위치	시차	장소
동경 126도 58분	32분 05초	서울
동경 128도 54분	24분 23초	강릉
동경 126도 37분	33분 32초	인천
동경 126도 23분	34분 26초	목포
동경 129도 02분	23분 48초	부산
동경 128도 37분	25분 32초	대구
동경 127도 25분	30분 19초	대전
동경 126도 31분	33분 52초	제주
동경 126도 55분	32분 17초	광주

1년에는 12개의 월(月)이 있다. 12개의 월을 4계절로 나누고, 4계절은 각각 계절의 기온 변화에 따라 3개의 절로 나누니 12개의 절(節)이 만들어진다. 1개의 절은 거의 한 달의 기간에 해당한다. 그래서 1년은 12개의 절이 된다. 이것은 지구가 태양을 공전하면서 만들어진 계절에 근거해 나눈 것이다. 사주풀이를 할 때는 절기에 의해 날짜를 계산하므로 태음태양력을 사용하는 것이다. 이는 입춘을 1년의 시작으로 정하여 사용하는 방법으로 한나라 무제 때 만들어진 것이다.

1년 = 12절　　　12절 = 12달　　　1절 = 1달

12절 : 입춘(立春) - 경칩(驚蟄) - 청명(淸明) - 입하(立夏) - 망종(芒種) - 소서(小暑) -
입추(立秋) - 백로(白露) - 한로(寒露) - 입동(立冬) - 대설(大雪) - 소한(小寒)

　　이는 오늘날 우리가 사용하고 있는 달력과는 다르다. 서양에서 유래된 오늘의 달력은 절기가 아닌 날짜를 중심으로 1월 1일을 한 해의 시작으로 정하고 있다. 반면 옛 중국과 우리 선조들의 달력은 태양·달·오성·지구의 운행 규칙으로 연·월·일의 시간을 계산하는 법칙을 적용해 만들었다. 천문학을 바탕으로 해서 달력을 만들었기에 천문학과 달력은 긴밀한 관계를 가지고 있었다. 일상생활과 농업, 좋은 날을 선택하는 택일을 위해 하늘의 모양을 관측하여 시간을 정확히 알아야 할 필요가 있었기 때문이다. 그리고 옛 달력을 만드는 방법인 역법의 가장 중요한 기능 중 하나는 좋은 날과 나쁜 날을 가려내고 찾아내어 기록하는 일이었다. 이는 곧 오늘날의 명리학 원리가 된다.

03

음양오행이란 무엇인가?

음양오행에서 음양은 '음(陰)'과 '양(陽)'을 말하고 오행은 목(木) · 화(火) · 토(土) · 금(金) · 수(水) 5가지를 말한다. 음양과 오행사상은 서로 끊어지지 않고 끝없이 대립하면서도 서로를 보완하는 관계다. 더불어 반복해서 돌고 도는 순환과 변화의 속성을 가진 철학이다. 이 같은 음양오행은 중국사상의 핵심인 '역(易)' 사상의 기본 이론이 되었다. 원래 역이 '바뀐다'는 뜻이니만큼 역 사상의 핵심은 변화다. 예로부터 중국은 이러한 음양오행의 사상을 자연과 인간의 생활에 연관지어 이해했다. 음양오행은 과거는 물론 현대까지 주역과 같은 동양철학이나 명리학 등 운명을 예측하고 판단하는 방법, 또 한의학과 중의학 등 동양의학의 기본 이론이기도 하다.

음양, 삼라만상의 크기

한나라 때 유명한 정치가이자 학자인 동중서(董仲舒)는 음과 양을 "하늘과 땅이 항상 한 번 음하고 한 번 양하는 것"이라고 말했다. 동중서의 말에 의하면 하늘과 땅은 언제나 음에서 양으로 변하고 양에서 음으로 변한다. 그러므로 하늘과 땅은 음과 양의 변화로 이루어진다. 음과 양은 둘이면서 하나이고 하나이면서 둘이다. 서로 협력의 관계, 대립의 관계, 보완의 관계이며 서로에게 영향을 주면서 음이 양이 되고 양이 음이 된다. 이 모든 것이 계속 반복해서 돌고 돌아 순환한다. 또 "하늘과 땅의 기(氣)는 합하여 하나가 되고 구별하여 음양이 되며, 나뉘어 4계절이 된다"고 말했다. 하늘과 땅에는 음양의 기운이 있고, 음양의 기운이 나뉘어져 4계절이 된다는 것이다. 더 나아가 음양설을 4계절, 시간, 방위와 연결시켜 하늘과 땅이 이루는 자연의 운행법칙까지 설명하였다. 이렇듯 음양으로 설명하는 자연의 운행법칙이 바로 '하늘의 도'다. '하늘의 도'가 《인생의 운》 〈관상·풍수 편〉 1장에서 언급한 '인간의 도'로 이어지면서 천인감응사상을 만들어낸다.

현대적 의미에서 음과 양은 수학적 관점에서는 숫자 0과 숫자 1로 볼 수 있다. 사람에게는 여자와 남자, 좌뇌와 우뇌이다. 또 하루에 비유하면 밤과 낮, 전자에 비유하면 음(−) 전자와 양(+) 전자이다. 공간적 차원에서 보면 허와 실이다. 차갑고 뜨거운 것, 짝수와 홀수 등이 있고, 10간과 12지의 차원에서 보면 10간은 하늘로 양, 12지는 땅이기에 음으로 나눌 수 있다.

■ 음양의 도식

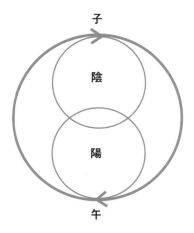

음 : 0, 여자, 달, 땅, 밤, 음전자, 차가운 것, 뒤, 아래, 허, 짝수, 12지
양 : 1, 남자, 태양, 하늘, 낮, 양전자, 뜨거운 것, 앞, 위, 실, 홀수, 10간

사람이 살고 있는 자연계는 모든 것들을 음양으로 나눌 수 있다. 아울러 이러한 음양은 과학과 의학 등 첨단 학문에까지 적용되고 응용된다. 음양 이론은 예로부터 오늘날에 이르기까지 시대에 따라 조금씩 변화되고 첨가 되면서 발전하였으며, 사람의 생활과 상당히 가까운 관계에 있으며 거의 모든 분야에 적용되고 있다. 따라서 음양 이론을 미신이라 규정하고 무조건 청산해야 할 고리적 유물처럼 다루어서는 곤란하다. 오히려 음양은 철학,

과학, 의학, 기상학, 명리학, 생활, 자연 등 모든 분야에서 계속 연구되고 발전시켜야 할 학문이다.

오행이란 무엇인가?

국어사전에 나와 있는 오행의 뜻은 "우주 간에 운행하는 금(金), 목(木), 수(水), 화(火), 토(土)의 5가지 근본 기운"이다. 또 "오행상생과 오행상극의 이치로 전 우주만물을 지배한다"고 되어 있다. 오행에 대한 모든 것을 한마디로 응축시켜 적절하게 표현한 말이다.

오행 이론은 중국 한나라 때 활발히 연구됐다. 한나라의 대표적인 음양오행 학자 동중서는 오행에 차례를 정해서 순서를 배열하였다. 동중서는 목이 첫 번째이며 목이 화를 생(生)한다고 보아 화를 오행의 두 번째로 정했다. 다음은 화가 토를 생한다고 하여 토를 오행의 세 번째로 놓았으며, 토는 금을 생하고, 금은 수를 생한다고 하였다. 수는 다시 목을 생한다. 여기서 '생(生) 한다'는 것은 '낳는다'는 뜻이다. 그러니 목이 화를 낳고, 화가 토를 낳고, 토가 금을 낳고, 금이 수를 낳고, 수가 목을 낳는다고 해도 똑같은 말이다. 또한 목을 오행의 첫 번째이며 수가 오행의 마지막이며 토가 오행의 가운데라는 순서는 "하늘이 질서 지은 순서"라고 했다. 이것은 태양계 행성들의 순서와도 같다. 태양계 행성들의 차례는 태양을 중심으로 가장 먼저 수성이 있고 그 다음에 금성, 지구, 화성, 목성, 토성의 순서대로 자리 잡고 있다.

이러한 관계는 부모가 자식을 낳는 관계이기도 하다. 화가 자기를 낳아준 목을 섬기고, 토가 자기를 낳아준 화를 섬기고, 금이 자기를 낳아준 토를 섬기고, 수가 자기를 낳아준 금을 섬기고, 목이 자기를 낳아준 수를 섬기는 것은 부자지간의 효(孝)의 관계와도 같다고 설명한다.

동중서는 오행이 서로가 서로를 낳는 '상생(相生)' 이론과 함께 기존에 있던 오행이 서로를 이기려는 '상극(相剋)' 이론도 연구하여 오늘날의 오행상극 이론을 완성시켰다. 오행의 상극이란 목이 토를 이기고, 토는 수를 이기고, 수는 화를 이기고, 화는 금을 이기고, 금은 목을 이긴다는 이론이다. 상생과 함께 상극도 멈추지 않고 끊임없이 반복된다. 다음 그림은 오행상생과 오행상극에 대한 내용의 그림이다.

오각형은 수생목, 목생화, 화생토, 토생금, 금생수의 오행상생의 원리를 말하고 있다. 또 별모양은 수극화, 화극금, 금극목, 목극토, 토극수의 오행

■ 오행의 상생과 상극

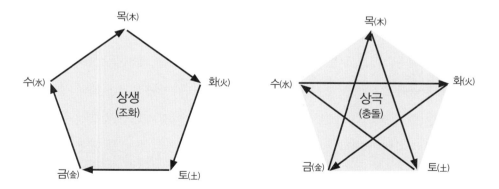

상극의 원리이다. 상생이나 상극은 모두 끊임없이 반복해서 돌고 도는 것임을 알 수 있다.

이러한 오행의 의미는 오늘날 여러 방면에서 적용되고 있다. 다음 페이지의 표를 보면 오행은 4계절로 표현되고 방위로도 표현된다. 맛과 하루의 시간까지 적용할 수 있다. 오곡으로도 표현되는 것으로 보아 농업과도 관련이 있다. 색깔 역시 오행으로 분류할 수 있어 미술과도 연결된다. 또 오장육부와 연결지으면 한의학에도 적용할 수 있다. 10간과 12지는 달력에 이용되니, 사주명리학에도 활용되는 것이다. 오행은 또 사람의 감정과 소리에 적용되니 음악과도 연결된다. 이 밖에도 오행사상은 사물을 설명하고 표현하는 데 다양하게 응용되고 있다.

오행을 봄, 여름, 가을, 겨울의 4계절 순환에 적용하면 만물이 태어나서 성장하고 쇠약해지고 거두고 다시 만들어져 태어나는 과정의 순환을 뜻한다. 이는 바로 오행상생이다. 또 목은 토를 이기고 금은 목을 이기며, 화는 금을 이기고 수는 화를 이기며 토는 수를 이기는 것이 오행인데, 토-목-금-화-수-토 순서에 따라 변화하고 순환하는 것이 오행상극이다. 이는 자연계의 먹이사슬을 연상시킨다. 자연계의 먹이사슬은 자연을 이루게 하는 중요한 요소다. 자연계의 먹이사슬이 깨지면 자연의 균형이 깨지게 되고, 결국 멸종이라는 위험한 상황까지 갈 수도 있다. 오행 이론은 여기서 끝나지 않고 하늘과 별을 해석하는 데까지 발전하게 된다. 그리고 천인감응사상을 바탕으로 하늘의 오행은 다시 사람의 생활과 사회에 반영된다.

■ 오행의 적용

오행	목	화	토	금	수
방위	동	남	중앙	서	북
계절	봄	여름	사계	가을	겨울
오곡	보리	콩	찰기장	마	메기장
오기	풍기	서기	습기	조기	한기
시간	아침	한낮	오후	저녁	밤중
반응	탄생	성장	변화	수확	저장
맛	신맛	쓴맛	단맛	매운맛	짠맛
소리	각	치	궁	상	우
색깔	청색	적색	황색	백색	흑색
오관	눈	혀	입	코	귀
오장	간장	심장	비장	폐	신장
육부	담	소장	위	대장	방광
신체	수족	혈맥	살	피부, 털	뼈
정서	분노	기쁨	근심	슬픔	두려움
오덕	박애(仁)	예의(禮)	신뢰(信)	정의(義)	지혜(智)
소리	부르는 소리	웃는 소리	노래하는 소리	곡하는 소리	신음 소리
맥	현맥	홍맥	유맥	부맥	침맥
수리	3, 8	2, 7	5, 10	4, 9	1, 6
천간	갑(甲) 을(乙)	병(丙) 정(丁)	무(戊) 기(己)	경(庚) 신(辛)	임(壬) 계(癸)
지지	인(寅) 묘(卯)	사(巳) 오(午)	진(辰) 술(戌) 축(丑) 미(未)	신(申) 유(酉)	해(亥) 자(子)

음양 속에는 오행이 들어 있다

음양에서 음은 일반적으로 달, 땅, 여성, 밤, 그늘, 추운 것, 짝수, 12지 등을 말한다. 양은 태양, 하늘, 남성, 낮, 볕, 더운 것, 홀수, 10간 등을 말한다. 음양사상이 언제 만들어진 것인지는 아직 정확히 밝혀지지 않았지만 대략 중국의 역사 가운데 맹자와 장자가 살았던 전국시대로 추정한다. 전국시대에 등장한 오행과 결합하여 음양오행사상이 만들어졌기 때문이다. 오행이란 목, 화, 토, 금, 수의 5가지 물질이나 기질, 성향을 말한다. 그런데 이 음양과 오행은 서로가 상대를 두고 있다. 즉 음양 속에도 오행이 들어 있고 오행 속에도 음양이 들어 있는 것이다. 이 같은 내용에 대해 10간을 예로 들어 설명해보자.

다음에서 보면 양(陽)에 속하는 10간은 갑(甲), 병(丙), 무(戊), 경(庚), 임(壬)이다. 그런데 이들은 각각 오행의 목, 화, 토, 금, 수에 해당한다. 즉 갑(甲)은 목, 병(丙)은 화, 무(戊)는 토, 경(庚)은 금, 임(壬)은 수이다. 또 음에 속하는 10간은 을(乙), 정(丁), 기(己), 신(辛), 계(癸)이다. 이들도 각각 오행의 목, 화, 토, 금, 수에 해당한다. 즉 을(乙)은 목, 정(丁)은 화, 기(己)는 토, 신(辛)은 금, 계(癸)는 수의 오행에 해당한다. 따라서 각각의 오행은 음이나 양, 둘 중 하나에 속하게 된다.

그리고 오행에서 보면 10간의 갑(甲), 을(乙)은 목이고 병(丙), 정(丁)은 화, 무(戊)와 기(己)는 토이다. 또 경(庚), 신(辛)은 금이고 임(壬), 계(癸)는 수이다. 따라서 모든 10간은 오행 중에서 하나에 해당한다. 그런데 갑(甲)과 을(乙)의

오행	목(木)	화(火)	토(土)	금(金)	수(水)
10간	갑(甲) 을(乙)	병(丙) 정(丁)	무(戊) 기(己)	경(庚) 신(辛)	임(壬) 계(癸)
음양	양목 음목	양화 음화	양토 음토	양금 음금	양수 음수

목 중에서 갑(甲)은 음양에서 양에 해당하고, 을(乙)은 음양 중에서 음에 해당한다. 또 병(丙)과 정(丁)의 화 중에서 병(丙)은 음양에서 양에 해당하고, 정(丁)은 음양 중에서 음에 해당한다. 무(戊)와 기(己)의 토 중에서 무(戊)는 음양 중에서 양에 해당하고, 기(己)는 음양 중에서 음에 해당한다. 경(庚)과 신(辛)의 금에서 경(庚)은 양의 기운을 갖고 있는 양금(陽金)이며, 신(辛)은 음의 기운을 갖고 있는 음금(陰金)에 해당한다. 임(壬)과 계(癸)의 수에서 임(壬)은 양의 기운을 갖고 있는 양수(陽水)이며, 계(癸)는 음의 기운을 갖고 있는 음수(陰水)에 해당한다.

이와 같이 음양 속에는 오행이 들어 있고 오행에는 음양이 들어 있음을 알 수 있다. 음양과 오행은 서로를 포함하고 있으며, 둘이 하나가 되어 음양오행 이론을 만들어낸다. 이러한 음양오행에는 자연과 우주를 구성하는 모든 것을 표현할 수 있는 다양한 뜻이 담겨 있다. 그래서 음양과 오행은 서로 대립하고 보완하는 성질, 작용, 기능 등을 포함해 모든 것을 표현할 수 있는 상징 부호이다.

오행은 목, 화, 토, 금, 수이다. 이것은 나무, 불, 흙, 금속, 물의 5가지 물질만을 뜻하는 것이 아니다. 오행은 각각이 가지고 있는 물질, 성질, 작용, 기능 등을 포함한 모든 성향을 의미하며, 그 모든 것을 상징적으로 표현하는 부호의 의미를 가지고 사용된다. 이러한 관점에서 볼 때 음양이론은 고대의 과학이자 합리적이고 실용적인 학문이었던 것이다. 또한 이 음양오행의 이론을 바탕으로 만들어진 명리학 역시 사회의 질서에 기여하는 긍정적인 학문임을 알 수 있다.

04

하늘과 땅을 그린 10간과 12지 그리고 60갑자

옛 중국은 세계에서 최초로 농업이 발달한 나라 중 하나이다. 농업에는 계절과 시간이 매우 중요하다. 그래서 사계절의 변화와 관련된 하늘의 변화에 관심을 갖게 되었으며 하늘의 변화에 담긴 뜻을 알기 위해 점을 치게 되었다. 이때 거북의 등이나 짐승의 뼈에 글자를 새겨서 점을 치고 그 내용뿐 아니라 당시의 문화, 생활에 대한 내용도 남겼는데 이것이 바로 갑골문(甲骨文)이다. 갑골문은 지금부터 약 4300년 전 중국 상(商)나라 시대의 것으로 동아시아에서 가장 오래된 문자로 기록되어 있다.

하늘의 운행을 문자화한 10간

갑골문에는 10간과 12지에 대한 내용이 일부 담겨 있다. 10간과 12지에 대한 정확한 기원을 알 수는 없지만 점을 친 내용의 기록에 사용된 간지를 통해 그 처음과 의미를 어느 정도 알 수 있다. 갑골문의 10간과 12지의 내용은 주로 하늘의 운행에 따른 날짜와 관련된 것들이었다. 10간은 하늘과 태양의 규칙적인 움직임을 관찰하여 날짜(日)를 표기하는 방법에 사용되었다. 갑·을·병·정·무·기·경·신·임·계의 10개 글자가 그것이다. 후한의 허신(許愼)이 편찬한 《설문해자設文解字》에는 10간을 각각 식물의 생장에 비유한 표현이 등장한다.

갑(甲)은 껍질이 터지는 것을 말하니 이는 곧 모든 초목은 껍질을 쪼개어 터트리고서야 탄생함을 말한다. 사람으로는 머리에 해당.

을(乙)은 초목이 땅에서 가까스로 굽어 올라오는 모양을 본뜬 것이다. 사람으로는 목에 해당.

병(丙)은 만물이 땅 위로 밝게 올라온 모양을 나타낸 것이다. 사람으로는 어깨에 해당.

정(丁)은 만물을 튼튼하고 크게 키워준다. 사람으로는 심장에 해당.

무(戊)는 만물을 무성하게 해준다. 사람으로는 옆구리에 해당.

기(己)는 만물이 익어 굽은 모양을 본뜬 것이다. 사람으로는 배에 해당.

경(庚)은 강하고 견고한 모양이니 만물을 이루어 결실을 거두게 해주는 것을 말한다. 사람으로는 배꼽에 해당.

신(辛)은 만물이 무성하게 결실을 맺어 끝내야 하므로 고통이 따름을 말함이다. 사람으로는 허벅지에 해당.

임(壬)은 임신한다는 뜻으로, 만물이 회임(懷妊)하여 양(陽)이 생겨나는 것을 말함이다. 사람으로는 종아리에 해당.

계(癸)는 만물이 사방에서 땅속으로 모여 드는 것을 말함이다. 사람으로는 발에 해당.

이는 식물이 계절의 순환에 따라 태어나서 성장하고 무르익어 다시 땅속으로 들어가는 과정에 대입해 설명한 것이다. 이렇게 한 것은 사람들이 하늘의 운행을 일상생활에서 쉽게 배우고 활용할 수 있도록 하기 위함이었다. 실제로 10간을 통해 사람들은 날짜를 계산할 수 있었으니 생활에 큰 도움을 얻었다. 이 밖에도 10간에는 동, 서, 남, 북, 중앙이라는 공간적 개념이 들어 있어 천간(天干)이라고도 불렀으니 일상생활에 큰 영향력을 발휘했다.

열 두달과 띠의 바탕이 된 12지

중국 은나라 시대에 달이 둥글었다가 이지러지는 것을 관측해 월(月)을 기록하는 달력을 만들었다. 이 달력은 매월을 30일로 나누었으나 달이 한 번 찼다가 기우는 데 걸리는 시간이 30일인 적도 있고 29일인 적도 있으니 일정하지가 않았다. 1년은 보통 12개월이라 12지로 표현했지만 1년이 365일이 되는 태양력과 날짜의 수가 일치하지 않았기 때문에 윤달을 두어 오차를 해결하고자 했다. 그러므로 순수한 태음력이 아니라 태양력과 태음력을 절충해서 만든 달력이므로 이를 태음태양력이라고 했다.

은나라 사람들은 자, 축, 인, 묘, 진, 사, 오, 미, 신, 유, 술, 해의 순서로 12지를 기록했다. 글자의 숨은 뜻은 다음과 같다.

자(子)는 양기가 처음 동하는 것, 사람으로는 임신이 되어 태아가 자라는 것에 비유했다.

축(丑)은 만물이 땅속에서 자라고 있는 것, 또는 사람의 손에 비유했다.

인(寅)은 만물이 소생하기 바로 직전의 모습이며 사람의 종지뼈에 비유했다.

묘(卯)는 처음 싹이 트고 세상에 나오는 모습에 비유했다.

진(辰)은 만물이 본격적으로 활동해 농사를 지음에 비유했다.

사(巳)는 만물이 완전히 다 자라나 자라는 것을 마친 것에 비유했다.

오(午)는 음기가 처음 땅 위로 생겨 올라와 양기와의 만남을 말한다.

미(未)는 만물이 다 자라 맛이 드는 모습에 비유했다.

신(申)은 만물이 신장되고 단단해짐을 말한다.

유(酉)는 만물이 완전히 익어 술(酒)을 담그는 것을 말한다.

술(戌)은 만물이 그 힘이 다해 다시 땅속으로 들어감을 뜻한다.

해(亥)는 땅속에서 다시 씨앗이 맺음과 임신하게 되는 여성의 모습에 비유했다.

천문학과 달력에서는 12지를 12진(十二辰)으로 하여 시간으로 사용했다. 12진은 황혼 무렵 북두칠성의 1, 3, 5번째 별을 말하는 '두강(斗綱)'이 가리키는 곳으로, 이를 통해 어느 달(月)인지를 알 수 있게 했다. 두강은 정월(正月)에는 인(寅), 2월에는 묘(卯), 3월에는 진(辰), 4월에는 사(巳), 5월은 오(午), 6월은 미(未), 7월은 신(申), 8월은 유(酉), 9월은 술(戌), 10월은 해(亥), 11월에는 자(子), 12월에는 축(丑)을 각각 가리킨다. 그리고 한나라 무제 때 태초력을 만들어 12지 중에서 인(寅)을 한 해가 시작되는 정월로 정하였는데, 이것이 지금까지 사주명리에 사용되고 있다.

한편 12지를 동물에 비유하는 풍속은 한나라 때부터 있었던 것으로 전해진다. 아래와 같이 12지를 동물에 비유하여 나이를 띠로 표현하고 연(年)으로 말하기도 한다.

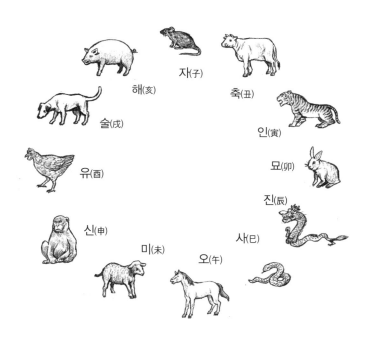

10간과 12지의 조합, 60갑자

10간과 12지가 짝을 지어 합한 것을 '간지배합(干支配合)'이라고 한다. 10간은 일(日)을 표시하는 부호로 사용되었다. 그런데 일(日)은 태양을 나타내는 문자다. 태양은 음양에서 양(陽)이고 양은 하늘(天)을 나타낸다. 반면 12지는 월(月)을 표시하는 부호로 사용되었다. 월은 달을 나타내는 문자로 달은 음양에서 음(陰)이고 땅을 나타낸다. 즉 태양은 양이고 하늘이며 달은 음이고 땅이다. 그래서 간지배합에서 10간은 '상(上)'으로 위에 있고 12지는 '하(下)'로 아래에 있다. 10간과 12지를 순서에 따라 차례로 짝을 지어 합을 하게 되면 자연적으로 10간은 첫 글자인 갑(甲)으로 시작하고, 12지는 첫 글자인 자(子)로 시작하여 간지배합이 시작된다. 그리고 10간의 마지막 글자인 계(癸)와 12지의 마지막 글자인 해(亥)가 서로 짝하여 합해지면 모두 60개의 조합이 이뤄진다. 이것이 바로 60갑자(六十甲子)이다.

10간은 10개이므로 60갑자가 한 번 진행하는 데 각각 6회씩 반복하고, 12지는 12개이므로 60갑자가 한 번 진행하는 데 각각 5회씩 반복한다. 그래서 60갑자가 6회 반복하면 360일이 되어 1년 365일의 날짜와 비슷하게 된다. 실제로는 지구가 태양을 한 바퀴 도는 데 필요한 시간은 365일 5시간 48분 46초 걸리지만 말이다.

■ 60갑자

	1 (홀수, 양)	2 (짝수, 음)	3 (홀수, 양)	4 (짝수, 음)	5 (홀수, 양)	6 (짝수, 음)	7 (홀수, 양)	8 (짝수, 음)	9 (홀수, 양)	10 (짝수, 음)
천간 지지	갑 자	을 축	병 인	정 묘	무 진	기 사	경 오	신 미	임 신	계 유
천간 지지	갑 술	을 해	병 자	정 축	무 인	기 묘	경 진	신 사	임 오	계 미
천간 지지	갑 신	을 유	병 술	정 해	무 자	기 축	경 인	신 묘	임 진	계 사
천간 지지	갑 오	을 미	병 신	정 유	무 술	기 해	경 자	신 축	임 인	계 묘
천간 지지	갑 진	을 사	병 오	정 미	무 신	기 유	경 술	신 해	임 자	계 축
천간 지지	갑 인	을 묘	병 진	정 사	무 오	기 미	경 신	신 유	임 술	계 해

05

10간의 합과 12지의 합

10간의 합이란?

합(合)이란 화합(和合)을 말하는데 음양이 서로 짝하여 그 기(氣)가 어울려 하나가 된다는 뜻이다. 10간의 합(合)이란 다음과 같이 2개씩 짝을 지어 새로운 오행을 만들어내는 것을 말한다. 10간에 숫자로 번호를 붙이면 1부터 10까지 된다. 이것을 똑같이 반씩 나누면 각각 5개가 되고, 순서대로 묶음을 지으면 다음 페이지의 그림처럼 A와 B로 나눌 수 있다. A와 B를 하나씩, 순서대로 짝을 지으면 갑(甲)+기(己), 을(乙)+경(庚), 병(丙)+신(辛), 정(丁)+임(壬), 무(戊)+계(癸)가 된다.

숫자 1에 해당하는 갑(甲)에 5를 더하면 6인 기(己)가 되고, 2에 해당하는

을(乙)에 5를 더하면 경(庚)이 되고, 3인 병(丙)에 5를 더하면 8인 신(辛), 4인 정(丁)에 5를 더하면 9인 임(壬), 5인 무(戊)에 5를 더하면 10인 계(癸)가 된다. 그리고 갑(甲) + 기(己) = 토(土), 을(乙) + 경(庚) = 금(金), 병(丙) + 신(辛) = 수(水), 정(丁) + 임(壬) = 목(木), 무(戊) + 계(癸) = 화(火)가 되는 것이다.

■ 10간의 합

A						B				
갑(甲)	을(乙)	병(丙)	정(丁)	무(戊)		기(己)	경(庚)	신(辛)	임(壬)	계(癸)
1(양)	2(음)	3(양)	4(음)	5(양)		6(음)	7(양)	8(음)	9(양)	10(음)

$(+甲) + (-己) = 토(土)$

$(-乙) + (+庚) = 금(金)$

$(+丙) + (-辛) = 수(水)$

$(-丁) + (+壬) = 목(木)$

$(+戊) + (-癸) = 화(火)$

만물은 흙(土)에서 생겨나고, 흙이 뭉쳐서 단단한 바위나 금속(金)이 생겨나며, 금속이 녹으면 물(水)이 생기고 또 바위 밑에서 샘솟아 나오기도 한다. 그리고 물을 먹고 나무(木)가 생겨서 자라고 나무를 소재로 불(火)이 생겨나서 타게 된다. 불은 모든 것을 태워 재로 만들어 흙(土)으로 돌려보낸다. 이것을 오행상생이라 한다.

12지의 합이란?

10간에 합이 있듯이 12지에도 합이 있다. 그런데 12지에는 10간처럼 합이 하나만 있는 것이 아니고 3가지 종류가 있다. 10간처럼 2개씩 짝을 짓는 것도 있는데 이것을 '12지 6합(六合)'이라 한다. 그리고 3개씩 짝을 짓는 것이 있는데 이것을 '12지 3합'이라 한다. 또 3개씩 합을 하되 방위에 따라 합을 하는 것이 있는데 이것을 '방위합'이라고 한다.

먼저 12지 6합에 대해 알아보자. 12지는 모두 12개인데 2개씩 짝을 짓기에 6개의 합이 된다. 여기서 보면 12지 6합도 10간의 합처럼 2개씩 짝을 지어 새로운 오행이 되는 것을 알 수 있다.

■ **12지 6합**

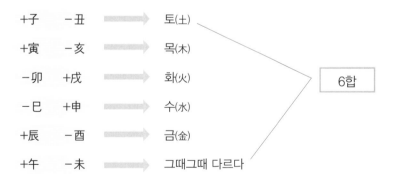

※ 원래 오(午)는 화(火), 미(未)는 토(土)의 성질이지만, 어떤 사람의 사주팔자에서 합이 들었을 때, 그 합의 결과는 사주팔자에 화(火)가 많으면 화(火)로, 토(土)가 많으면 토(土)가 된다. 또 태어난 달이 사(巳)나 오(午)의 화(火)달이면 화(火)가 되고 태어난 달이 미(未)나 진(辰)·술(戌)·축(丑)의 토(土)달이면 토(土)가 된다.

여기서 자(子), 인(寅), 진(辰), 오(午), 신(申), 술(戌)은 모두 양에 속하고 축(丑), 묘(卯), 사(巳), 미(未), 유(酉), 해(亥)는 모두 음에 속한다. 자는 축과, 인은 해와, 묘는 술과, 진은 유와, 사는 신과, 오는 미와 각각 합하는데 모두 하나의 양과 하나의 음이 합이 된다. 음과 음, 양과 양은 결코 합을 하지 않는다. 이것은 남자와 여자의 이성끼리 결혼하는 것이며, 같은 동성끼리는 결혼하지 않는 것과 같은 이치다.

12지 6합은 태양(日)과 달(月)의 합삭(合朔, 달이 해와 지구 사이에 들어가 일직선을 이루는 때)을 바탕으로 나온 이론이다. 음력 11월은 자(子)월이며 이때는 축(丑)일에 합삭이 되고, 음력 12월은 축(丑)월이며 이 달에는 자(子)일에 합삭이 되기 때문에 자(子)와 축(丑)이 합하게 된다. 음력 1월은 인(寅)월이며 이때는 해(亥)일에 합삭이 되고, 음력 10월은 해(亥)월인데 인(寅)일에 합삭이 되기에 인(寅)과 해(亥)가 합이 된다. 음력 2월은 묘(卯)월이고 이때는 술(戌)일에 합삭이 되고, 음력 9월은 술(戌)월인데 이 달에는 묘(卯)일에 합삭이 되기에 묘(卯)와 술(戌)이 합이 된다. 음력 3월은 진(辰)월이며 이때는 유(酉)일에 합삭이 되고, 음력 8월은 유(酉)월인데 이 달에는 진(辰)일에 합삭이 되기에 진(辰)와 유(酉)가 합이 된다. 음력 4월은 사(巳)월이고 이때는 신(申)일에 합삭이 되고, 음력 7월은 신(申)월인데 이 달에는 사(巳)일에 합삭이 되기에 사(巳)와 신(申)이 합이 된다. 음력 5월은 오(午)월이며 이때는 미(未)일에 합삭이 되고, 음력 6월은 미(未)월인데 이 달에는 오(午)일에 합삭이 되므로 오(午)와 미(未)가 합이 된다.

다음 그림은 12지 6합에 대한 그림이다. 그림을 보면 합을 이루는 것들이 서로 간에 모두 수평을 이루고 있다는 사실을 알 수 있다.

■ 12지 6합

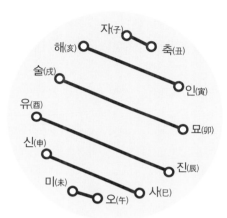

12지 3합이란?

12지에는 6합만 있는 것이 아니고 3합도 있고 방위합도 있다. 먼저 3합
에 대해 알아보자.

■ 12지 3합

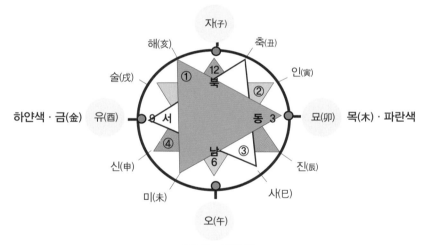

※ 4방위에 찍힌 점들은 순서대로 수(水), 목(木), 화(火), 금(金)이 제일 강한 지점.

목(木)이 정확히 동쪽인 묘(卯)에서 그 세력이 제일 강해질 수 있었던 것은 앞의 그림에서 보듯이 이미 그 기운이 해(亥)에서부터 시작됐기 때문이다. 그리고 미(未)에 가서는 제일 약해진다. 그러니까 목(木)은 해(亥)의 물을 받기 시작하여 묘(卯)의 목(木)에서 가장 강력해질 수 있는 것이다. 그리고 가장 절정에 달하면 다시 쇠약해지는 법이라 미(未)의 흙에서 그 세력이 약해진다. 이렇게 ①삼각형과 같은 12지 합을 목(木)의 성질을 띤 '해묘미(亥卯未) 3합'이라고 하고 '목국(木局)'이라고 한다. 그런데 이 관계를 자세히 보면, 해(亥)는 목(木)의 기운이 제일 왕성한 묘(卯)에서 네 번째 앞으로 목(木)의 기운이 시작되는 지점이고, 묘(卯)에서 네 번째 뒤에 있는 미(未)는 목(木)의 기운이 약해지기 시작하는 지점이라는 걸 알 수 있다. 그래서 세 글자를 이으면 정삼각형이 만들어진다.

마찬가지로 ②삼각형을 이루는 12지 3합은 '인오술(寅午戌) 3합'이고 화(火)의 성질을 가지기에 '화국(火局)'이라고 한다. ③삼각형을 이루는 '사유축(巳酉丑) 3합'은 금(金)의 성질을 띠고 있어 '금국(金局)'이라고 한다. ④삼각형을 이루는 '신자진(申子辰) 3합'은 수(水)의 성질을 갖게 되며 '수국(水局)'이라고 한다. 다시 말해 12지 3합이란 12지가 3합이 되어 오행으로 나타내는 것이다.

해(亥) 묘(卯) 미(未) → 목(木)
인(寅) 오(午) 술(戌) → 화(火)
사(巳) 유(酉) 축(丑) → 금(金)
신(申) 자(子) 진(辰) → 수(水)

정삼각형 모양의 피라미드는 지상에서 제일 안정된 건축물이라고 할 수 있다. 즉 땅의 모든 에너지와 정기가 가운데 꼭지점을 향해 모이도록 설계된 것이다. 12지 3합 또한 그와 마찬가지의 원리다. 사주명리학에서는 이렇게 12지가 3합을 이루는 것을 두고 "국(局)을 이룬다"고 표현한다. '국(局)'이란 어떤 일이 벌어진 형편이나 장면을 나타내는 말이다. 그러니까 "해묘미 3합이 목국을 이룬다"거나 "인오술 3합이 화국을 이룬다"거나 하는 말은 목(木)의 기운이 동쪽인 묘(卯)에 모여 가장 중심을 이루게 되었으니 그 기운이 강하다는 뜻이다. 또 화(火)의 기운이 남쪽인 오(午)에 모여 중심을 이루게 되었다는 것은 화의 기운이 강하다는 뜻이다. 마찬가지로 사유축 3합이 금국을 이루고 신자진 3합이 수국을 이룬다는 것도 마찬가지로 해석할 수 있다.

그리고 진술축미(辰戌丑未)가 모두 있으면 스스로 토(土)국을 이룬다. 토 그 자체는 목국, 화국, 금국, 수국에 모두 나뉘어 있다. 이렇듯 토가 목·화·금·수에 모두 있기에 방위로는 중앙으로 본다. 토를 제외한 3합은 3개가 합을 하는 것이기 때문에 2개가 합을 하는 6합이나 각각의 오행보다 그 기가 강하다.

12지 방위합이란?

12지의 인묘진(寅卯辰)은 방위로 보면 모두 동쪽에 위치해 있다. 동쪽은 오행에서 목(木)이다. 그래서 인묘진이 모이게 되면 '목(木)방위합'이 된다.

12지의 사오미(巳午未)는 모두 남쪽에 위치해 있다. 남쪽은 오행에서 보면 화(火)이다. 그래서 사오미가 모이게 되면 '화(火)방위합'이 된다. 12의 신유술(申酉戌)은 모두 서쪽에 위치해 있다. 서쪽은 오행에서 보면 금(金)이다. 그래서 신유술이 모여 '금(金) 방위합'이 된다. 12지의 해자축(亥子丑)은 모두 북쪽에 위치한다. 북쪽은 오행에서 보면 수(水)이다. 그래서 해자축이 모여 '수(水) 방위합'이 된다. 사주에서는 각각의 오행보다 12지 6합의 기운이 강하고, 12지 6합보다는 12지 3합과 12지 방위합의 기운이 강하다고 본다.

12지 방위합

인묘진(寅卯辰) → 동
사오미(巳午未) → 남
신유술(申酉戌) → 서
해자축(亥子丑) → 북

12지 3합, 12지 방위합 〉 12지 6합 〉 각각의 오행

간지 상충의 원리란 이것이다

10간의 상충이란?

10간 중 갑(甲), 병(丙), 무(戊), 경(庚), 임(壬)은 양에 속하고 을(乙), 정(丁), 기(己), 신(辛), 계(癸)는 음에 속한다. 또 갑(甲)과 을(乙)은 동쪽 방향에 있으며 목(木)이고, 병(丙)과 정(丁)은 남쪽 방향에 있으며 화(火)이고, 무(戊)와 기(己)는 중앙에 위치하며 토(土)이고, 경(庚)과 신(辛)은 서쪽 방향에 있으며 금(金)이고, 임(壬)과 계(癸)는 북쪽 방향에 있으며 수(水)이다.

여기서 동과 서, 남과 북은 방위가 서로 대칭을 이루기 때문에 충돌이 발생한다. 방위가 정반대가 되면 형평을 이루지 못하고 서로 반대의 성질을 갖기 때문이다. '충(沖)'이란 상대방을 쏜다, 공격한다, 부딪친다는 뜻이다.

동쪽 방위에 있는 갑목(甲木)은 서쪽 방향에 있는 경금(庚金)과 서로 충하고 동쪽 방향에 있는 을목(乙木)과 서쪽 방향에 있는 신금(辛金)은 서로 충한다. 북쪽 방향에 있는 임수(壬水)와 남쪽 방향에 있는 병화(丙火)는 서로 충하며, 북쪽 방향에 있는 계수(癸水)와 남쪽 방향에 있는 정화(丁火)가 서로 충한다.

또 금(金)과 화(火)는 성질이 서로 부딪쳐 금(金)이 녹기 때문에 균형과 조화를 이루지 못하여 극(剋)이 발생하게 된다. '극'이란 상대방을 이기는 것이다. 남쪽 방위에 있는 병화(丙火)가 서쪽 방위에 있는 경금(庚金)을 극한다. 또 남쪽 방위에 있는 정화(丁火)가 서쪽 방위에 있는 신금(辛金)을 극한다. 각각 화(火)와 금(金)의 성질이 부딪치지만 방향은 결코 대립되거나 반대에 있지 않다. 그래서 서로 충이라 하지 않고 서로 극이라 한다.

그리고 10간에서 갑(甲)과 경(庚)은 모두 양이고 을(乙)과 신(辛)은 모두 음이며, 병(丙)과 임(壬)은 모두 양이고 정(丁)과 계(癸)는 모두 음이다. 병(丙)과 경(庚)은 모두 양이고 정(丁)과 신(辛)은 모두 음이다. 음은 음을 충하거나 극하고 양은 양을 충하거나 극한다. 10간의 음과 양이 서로 짝하여 합하지 않을 때 충이나 극이 발생한다. 하지만 무(戊)와 기(己)는 중앙에 위치하기 때문에 충이 없다. 갑(甲)과 을(乙)의 목(木)과 서로 성질이 부딪치기 때문에 극이 있을 뿐이다. 10간의 충과 극을 정리해보면 다음과 같다.

갑(甲)과 경(庚) = **충**(沖)

을(乙)과 신(辛) = **충**(沖)

병(丙)과 임(壬) = **충**(沖)

정(丁)과 계(癸) = **충**(沖)

병(丙)과 경(庚), 정(丁)과 신(辛)은 방위가 이웃하고 있어 충이 안 된다. 하지만 서로의 성질에서 화(火)가 금(金)을 이기므로 극이라 하고 7번째 있어 7살이라 한다.

갑(甲)과 무(戊), 을(乙)과 기(己)의 관계에서 토(土)는 방위로 중앙에 있기에 충이 안 된다. 성질에서는 목(木)이 토(土)를 이기므로 극이라 하고 7번째 있어 7살이다.

12지의 상충이란?

12지 가운데 자(子)와 오(午), 인(寅)과 신(申), 진(辰)과 술(戌)은 서로 홀수로서 양이며, 양은 양과 충한다. 그리고 묘(卯)와 유(酉), 사(巳)와 해(亥), 축(丑)과 미(未)는 짝수로서 음에 속하며 음은 음과 충한다.

인묘진은 동쪽 방위에 있기에 목(木)이고, 사오미는 남쪽 방위에 있기에 화(火)이며, 신유술은 서쪽 방위에 있기에 금(金)이며 해자축은 북쪽 방위에 있기에 수(水)이다. 진술축미는 토이며 사계절 모두에 속한다. 12지의 방위 그림을 보면 아래와 같다.

■ 12지 방위도

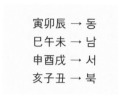

寅卯辰 → 동
巳午未 → 남
申酉戌 → 서
亥子丑 → 북

위의 그림에서 12지가 서로 충하는 원리를 읽을 수 있다. 10간에서는 충과 극을 구별하였지만, 12지에서 충은 극과 같은 뜻으로 사용된다. 자(子)와 오(午), 묘(卯)와 유(酉), 인(寅)과 신(申), 사(巳)와 해(亥), 진(辰)과 술(戌), 축(丑)과 미(未)는 모두 각각 서로 충한다. 그런데 이 충은 서로 극하는 것과 같다. 왜냐하면 방위에서 모두 쌍방에 위치하고 있어 서로 대립하는 위치에 놓여 있기 때문이다. 즉 묘(卯)는 동에 있고 유(酉)는 서에 있다. 오(午)는 남에 있고 자(子)는 북에 있어 서로 충한다. 그런데 오행으로 보면 모두 서로가 극하는 관계에 있기도 하다. 자(子)는 수(水)이며 오(午)는 화(火)이다. 수(水)는 화(火)를 극하니 자(子)는 오(午)를 극한다. 유(酉)는 금(金)이고 묘(卯)는 목(木)이다. 금(金)은 목(木)을 극하니 유(酉)는 묘(卯)를 극한다. 음양의 관계에서 보면 음이 음을 극하고 양이 양을 극한다. 묘(卯)는 음인데 이 목(木)을 극하는 유금(酉金) 역시 음이다. 오(午)는 양인데 이 화(火)를 극하는 자수(子水)는 양이다.

12지의 일곱 번째 자리를 충으로 삼는데 이것은 10간이 일곱 번째 자리를 충으로 삼는 것과 마찬가지다. 즉 자(子)에서 오(午)까지는 일곱 번째 자리에 해당하는데, 이는 10간의 갑(甲)에서 일곱 번째가 경(庚)이 되어 충이 되는 것과 같다. 그래서 자(子)는 오(午)와 충을 한다. 또 묘(卯)에서 일곱 번째 자리에 있는 것이 유(酉)이다. 이는 10간에서 을(乙)에서 일곱 번째가 신(辛)이 되어 충이 되는 것과 같다. 나머지 12지의 충도 마찬가지 원리이다. 인(寅)은 인(寅)으로부터 7번째에 있는 신(申)과 충하며, 사(巳)는 해(亥)와, 진(辰)은 술(戌)과 축(丑)은 미(未)와 서로 충한다.

이 충하고 극하는 이론을 생물에 비유하자면 먹이사슬과 같다. 서로 충하고 극하는 것이 반복하여 돌고 돌며 계속 이어지기 때문이다. 수(水)는 화(火)를 극하고 토(土)는 수(水)를 극하며, 목(木)은 토(土)를 극하고 금(金)은 목(木)을 극한다. 다시 이 금(金)을 화(火)가 극하며 이 화(火)를 수(水)가 극하니, 이 같은 과정이 계속해서 순환을 멈추지 않는다. 결국 절대적으로 영원한 것도 강한 것도 없다는 것이 자연의 이치라는 의미다. 바로 이렇게 충하고 극하는 이론은 명리를 해석하는 데 있어 중요한 부분을 차지한다. 이 충과 극을 명리학에서는 '살(殺)'이라고도 한다. `

그런데 살의 논리를 일부 명리학자들이 자신의 개인적인 해석을 첨부해 복잡한 이론으로 만들었다. 그러나 그것은 결국 명리학의 발전이 아닌 혼란만 가중시키고 말았다. 그렇게 만들어진 수많은 살과 지나친 살의 해석은 사람들의 실생활에 긍정적인 도움이 되기보다는 겁을 주는 악영향을 미치기도 했다. 이는 명리의 근본원리와도 멀어진 것이다.

12지에서 서로 극하고 충하는 것들

자(子)와 오(午)는 서로 충

인(寅)과 신(申)은 서로 충

묘(卯)와 유(酉)는 서로 충

사(巳)와 해(亥)는 서로 충

진(辰)과 술(戌)은 서로 충

축(丑)과 미(未)는 서로 충

07

10간 12지와 음양오행의 결합

        10간과 12지가 명리학의 그릇이라면 음양오행은 그릇에 담겨 있는 내용이다. 그래서 10간과 12지, 음양오행 간은 표리(表裏) 관계라고 할 수 있는데, 이는 서로가 서로를 보완하고 협력하면서 사주명리의 형태와 이론을 만들어 간다. 10간 12지 그리고 음양오행은 서로 상대를 갖는다. 즉 간지가 음양오행에 포함돼 사용되면서, 음양오행은 간지를 통해 그 뜻을 나타낼 수 있는 것이다.

10간의 음양과 오행

먼저 10간을 오행 이론에 대입하여 배치시키고 방위와 계절에 대입시켜 보자.

① 10간의 갑(甲)과 을(乙)은 오행에서 목(木)이며, 사계절 중에서 봄이다. 방위로는 동(東)에 해당한다.
② 10간의 병(丙)과 정(丁)은 오행의 화(火)에 속하며, 사계절 중에서 여름이다. 방위로는 남(南)에 해당한다.
③ 10간의 경(庚)과 신(辛)은 오행의 금(金)에 속하며, 사계절 중에서 가을이다. 방위로는 서(西)에 해당한다.
④ 10간의 임(壬)과 계(癸)는 오행에서 수(水)이며 사계절 중에서 겨울이다. 방위로는 북(北)에 해당한다.
⑤ 10간의 무(戊)와 기(己)는 오행의 토(土)이며 모든 사계절의 끝인 환절기에 해당하기에 사계절 모두에 속한다. 방위로는 중앙에 해당한다.

■ **천간과 오행의 상생상극**

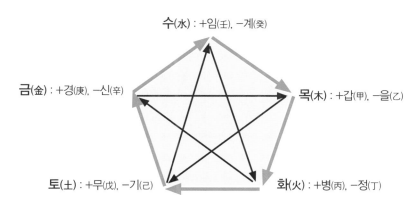

오행의 수(數)는 다섯인데 10간의 수는 10개이므로 10간을 오행에 나누어 배치시킬 때, 각각의 오행마다 2개의 10간을 배치시켜야만 숫자가 일치한다. 그리고 10간을 음양에 대입시켜 보면 10간의 갑(甲), 병(丙), 무(戊), 경(庚), 임(壬)이 양간이고 을(乙), 정(丁), 기(己), 신(辛), 계(癸)가 음간에 해당한다. 또 갑과 을은 오행 중에서 목(木)에 해당하는데 갑이 홀수에 해당하고 을은 짝수에 해당한다. 그러므로 홀수 갑이 양이 되고 짝수 을이 음이 된다. 갑은 양이니 강하고 을은 음이니 부드럽다.

나머지 10간도 이와 마찬가지로 배치할 수 있다.

12지의 음양과 오행

■ 12지와 오행의 상생상극

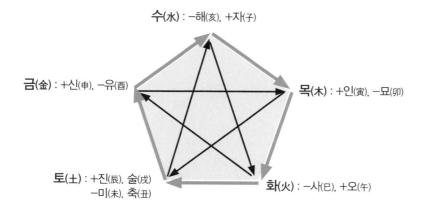

수(水) : −해(亥), +자(子)

금(金) : +신(申), −유(酉)

목(木) : +인(寅), −묘(卯)

토(土) : +진(辰), 술(戌)
　　　 −미(未), 축(丑)

화(火) : −사(巳), +오(午)

12지도 음양과 오행으로 배치할 수 있다. 해(亥)와 자(子)는 하나의 양과 하나의 음인 수(水)로 겨울에 해당하고, 방위로는 북에 해당한다. 겨울은 차가운 물의 기(氣)가 생겨나고 활동하는 시기이므로 해(亥)와 자(子)는 오행에서 수(水)에 해당한다.

12지의 사(巳)와 오(午)는 하나의 양과 하나의 음으로 여름에 해당하고, 방위로는 남이다. 여름은 뜨거운 화(火)의 기가 생겨나고 활동하는 시기이므로 사(巳)와 오(午)는 오행에서 화(火)에 해당한다.

12지의 인(寅)과 묘(卯)는 하나의 양과 하나의 음으로 봄에 해당하고, 방위로는 동쪽이다. 봄에는 따뜻한 바람이 불어 식물이 생겨 자라니 목(木)의 기가 생겨나고 활동하는 시기이므로 인(寅)과 묘(卯)는 오행에서 목(木)에 해당한다.

12지의 신(申)과 유(酉)는 하나의 양과 하나의 음으로 가을에 해당하고, 방위로는 서쪽이다. 가을은 단단한 금(金)의 기가 생겨나서 활동하는 시기이므로 신(申)과 유(酉)는 오행에서 금(金)에 해당한다.

12지의 진(辰)은 음력 3월로 봄의 끝이며 여름으로 넘어가는 환절기에 해당된다.
12지의 미(未)는 음력 6월로 여름의 끝이며 여름에서 가을로 넘어가는 환절기에 해당한다.
12지의 술(戌)은 음력 9월로 가을의 끝이며 가을에서 겨울로 넘어가는 환절기에 해당한다.
12지의 축(丑)은 음력 12월로 겨울의 끝이며 겨울에서 봄으로 넘어가는 환절기에 해당한다.

12지의 진(辰), 미(未), 술(戌), 축(丑)은 오행에서는 토(土)에 해당한다. 방위로 진(辰)은 동남, 미(未)는 서남, 술(戌)은 서북, 축(丑)은 동북에 해당한다. 원래 토는 중앙에 해당하는데, 이 중앙에서 사방으로 확대되어 나간 것이 진(辰), 미(未), 술(戌), 축(丑)의 토라고 보면 된다.

지금까지 10간, 12지와 음양오행이 서로 배치되어 결합된 원리에 대해 알아보았다. 간지와 음양오행이 서로 결합해 만들어진 60갑자는 오랫동안 사람이 살아가면서 경험한 것을 토대로 만든 것이다. 그래서 60갑자에는 자연 현상과 변화에 대한 관찰, 자연과 사물들의 연관성에 대한 체계적인 이해가 담겨 있다. 그래서 60갑자를 단순한 문자가 아닌 '상징적 부호'로 보는 것이다. 간지와 음양오행, 그리고 그 결합으로 만들어진 60갑자는 서로 대립하고 보완하는 성질 또는 작용, 그리고 기능과 힘을 나타낸다. 60갑자와 음양오행 각각은 목(木), 화(火), 토(土), 금(金), 수(水)로 이루어졌는데 이는 단순히 나무, 불, 흙, 금속, 물과 같은 물질을 의미하는 것이 아니라 이것들이 가진 성질과 작용, 기능의 의미를 포함한다. 또 서로 대립하고 보완하는 성질과 작용까지 아우른다. 그 각각의 사물들이 가질 수 있는 모든 경우가 그 속에 담겨 있으며 목, 화, 토, 금, 수는 이 모든 것을 상징적으로 표현하는 부호라는 것이다. 따라서 10간 12지와 음양오행의 배합인 60갑자는 하늘과 땅, 사람의 몸, 사회, 역사, 윤리, 문화 등 모든 것에 적용시킬 수 있다. 결국 60갑자는 사람의 일생과 맞춰 놓을 수 있는 것이다. 이런 이유로 60갑자는 명리의 이론으로 사용될 수 있었다.

하늘의 도를 한마디로 정리하면 10간, 12지와 음양오행, 그리고 60갑자는 그 속에 사람의 길흉화복과 모든 성향과 작용을 풀어내는 암호 또는 QR 코드와 같다. 또한 이들을 바탕으로 이루어진 사주, 성명학, 관상학, 풍수지리 등 명리학은 옛 중국 당시의 과학을 바탕으로 한 논리적인 학문임을 알 수 있다.

2장

시간의 도

사주팔자

01

하늘이 내게 준
운명을 보다

　　중국의 학자 사송령(謝松齡)은 "사람
이 태어난 시점의 우주 상태에 대한 정보가 바로 명(命)으로 맺어진다"고 말
했다. 이것이 바로 태어난 생년, 생월, 생일, 생시로 이루어진 '사주'이다.
천(天)의 운행으로 자연의 계절이 이루어지며 이것이 곧 만물의 생명을 결
정짓고 또 영향을 주기에, 인간의 명도 하늘을 통해 파악할 수 있다는 전제
에서 출발한 것이다. 또 사송령은 "사주명리는 음양오행을 통해 개인의 운
명을 나타내는 방법으로, 가장 늦게 나타났지만 가장 정밀한 이론"이라고
말했다. 중국을 비롯한 우리나라에서도 수많은 운명 예측 방법 중에서 사
주를 가장 중시 여겼다. 이번 2장 '시간의 도'에서는 인간의 명을 다루고 있
는 사주의 개념과 구조 및 본질에 대해서 설명하고자 한다.

사주명리란 무엇인가

    사람 운명의 길흉화복을 판단하는 모든 방법과 행위를 점(占)이라고 한다. 점의 종류는 크게 2가지로 나눌 수 있는데, 첫 번째는 신의 계시를 통하는 것이고, 두 번째는 신을 통하지 않고 학문을 배워 익힌 기술을 통해 알 수 있는 방법이다. 중국에서는 운명의 길흉을 파악하는 방법을 '술수(術數)'라고 했는데 사주명리는 명을 계산하는 술법이라고 해 '산명술(算命術)'이라고도 불렀다. 그러므로 사주명리는 술수와 달력을 계산해 명에 대입하는 '역술(曆術/易術)'에 포함된다고 할 것이다. 즉 사주명리는 점의 일종이지만 신이라는 초인간적인 매체를 통하는 것이 아니라 자연의 법칙을 통해 길흉화복을 예측하는 것이다. 역법을 바탕으로 10간, 12지, 음양오행을 읽고 이를 해석해 길흉화복을 점치는 사주명리는 학습에 의해 숙련이 가능하기에 신을 모시는 점복과는 학문적 체계와 실행과정에서 상당한 차이가 있다.

    어쨌든 사주명리도 사람의 운명을 다루는 학문이다. 여기서 명(命)이란 개념을 짚고 넘어가자. 명은 한마디로 정의하기가 어렵다. 성리학을 완성시킨 송나라의 유학자 주자(朱子)는 "하늘로부터 부여받은 것이 명"이라고 했다. 여기서 등장하는 명은 인간이 하늘로부터 부여받은 한정된 목숨이며, 그 속에는 절대자가 정한 뜻, 혹은 그렇게 할 수밖에 없는 명령이라는 뜻이 내포되어 있다. 또 후한 시대의 철학자 왕충(王充)은 "사람은 하늘에서 원기를 품수(등급별로 나눈 차례)받고 각기 길고 짧은 명을 받아 …… 기(氣)로써 성(性)을 삼으니 성이 이루어지면 명이 정해진다"라고 했다. 사람의 명은 하늘로부터 기를 받아 이루어진다는 것이다. 북송시대의 철학자 장재(張載)도 "기와 명이 같은 것"임을 말했다. 성(性)과 기(氣), 기(氣)와 명(命)은 서로 불가분의 관계이며 하나로 연결되어 있다는 것이다. 또 "성은 곧 리(理)가 된다"는 명제는 성(性)은 기(氣)와 명(命)과 통하므로 리(理)와 기(氣)와 명(命) 역시 서로 연결된다는 뜻이다. 주자는 리(理)를 성(性)으로 보면서 성(性)의 실현을 위해서 기(氣)의 중요성을 말하고 있는데, 이는 기(氣) 또한 운명에 결정적인 영향을 주고 있다는 뜻이다.

성, 명, 기, 리의 쉬운 뜻 풀이
- 성(性) : 마음이 생겨나는 곳, 타고난 사람의 천성, 성질 혹은 본질
- 명(命) : 목숨, 생명, 수명이나 운명, 운수 등
- 기(氣) : 눈에 보이지 않지만 감각으로 느낄 수 있는 현상 혹은 기운, 기세
- 리(理) : 이치 혹은 도리

이러한 관계는 주자의 말을 통해 좀 더 분명해진다. "그러므로 맑은 기(氣)를 얻어서 총명하지만 복록(福祿, 타고난 복과 나라에서 주는 벼슬아치의 녹봉)이 없는 자도 있고, 또한 탁한 기를 얻어서 지혜가 없지만 복록이 있는 자도 있으니 모두 기수(氣數, 저절로 오고 가는 길흉화복의 운수)가 그렇게 한 것이다." 여기서 복록이라 함은 일반적으로 길한 명(命)으로 볼 수 있는데, 명(命)은 기(氣)에 의해서 결정된다고 한다. 이것은 사주명리서《연해자평평주淵海子平評註》

의 "천명은 기수(氣數)에 관한 것이고 인명(人命)은 오행을 품수한 것인데, 기수와 오행이 어찌 다를 수 있으며 천명과 인명이 어찌 다르겠는가"라는 문장과 일맥상통하다.

　결과적으로 리(理)와 기(氣), 성(性)과 명(命)은 따로 분리된 것이 아니라는 뜻이다. 따라서 성(性)을 중시하는 성리학과 명(命)을 탐구하는 명리학이 성명일리(性命一理)로 함께 이해된다면 더욱 발전된 인간의 '명(命) 철학'으로 거듭날 수 있을 것이다. 명리(命理)는 '명(命)'과 '리(理)'가 결합한 단어다. 그러므로 명리는 '명에 대한 이치'이며, 즉 사람의 목숨과 자연의 관계에 대한 이치가 된다. 사주명리서《적천수천미滴天髓闡微》에는 "이(理)로써 명(命)을 정(定)하는 것은 간단한 것으로 복잡한 것을 제어하는 것이기에 하늘에 순응하는 바른 것이다"라고 적혀 있다. 여기서 사주명리는 명을 규정하는 정당한 조리(일이나 행동에서 앞뒤가 들어맞고 체계가 서는 것)로서 하늘에 순응하는 원리를 연구하고 따르는 것이다. 즉 사람이 살아가는 동안에 인간에게 주어지는 모든 조건에 대해 하늘에 순응하며 행복을 추구하는 방법을 찾고 실행하는 것이 사주명리인 것이다. 살면서 마주하게 되는 인간 대 인간, 인간 대 사회, 인간 대 자연의 상호관계에서 일어나는 모든 일에 대한 길흉화복의 예측, 그리고 그에 대한 피흉추길(避凶趨吉, 궂은일을 피하고 좋은 일에 나아감)의 방법을 모색하여 행복한 삶을 살아가고자 하는 것 또한 사주명리이다.

사주명리의 유례

일본 천문학사의 최고 권위자인 나카야마 시게루 교수의 연구에 의하면, 달력을 계산해 운명을 예측하는 점성술은 3세기경 중국에서 등장하기 시작했다. 생년, 생월, 생일을 간지(干支)로 나타내 그 사람의 운을 예측하는 방식이었다고 한다. 그러다가 당나라, 송나라 시대에 이르러 기존의 생년, 생월, 생일에 생시를 추가해 사람의 운명을 점치게 됐다. 사주의 기본 틀이 완성된 것이다. 이러한 사주명리는 언뜻 보면 서양점성술의 영향을 받은 것 같지만 체계는 전혀 달랐다고 한다. 서양의 점성술은 불교와 함께 중국에 전해졌는데 수나라와 당나라 시대의 불전에는 '호로스코프(horoscope) 점성술'의 영향이 뚜렷하게 나타나기도 했다. 천문학이 아니라 불전 속에 섞여 밀교의식의 하나로 들어온 것이다. 호로스코프 점성술이 들어올 무렵, 중국에는 이미 하늘의 별자리를 이용한 구성술(九星術)과 달력 만드는 법을 이용한 역주(曆註) 등의 운수판단술이 상당히 뿌리를 내리고 있었다. 그러므로 당시의 서양점성술은 주류였던 중국 고유의 운수판단술에 밀려 잡점의 형태로 전통적 미신 속에 섞여 들어가고 말았다.

반면 사주명리는 당, 송 시대에 완성된 후부터 지속적으로 발전하였다. 사주명리학은 현실에서 실천적 생활을 중시한다는 점에서 성리학과도 일맥상통했다. 또한 중국에서 아직까지도 큰 영향을 미치고 있는 유가와 도가 역시 음양학과 연결되어 사주명리학과 천문점성학에 영향을 미쳤다.

사주명리의 본질

사주의 근본은 음양의 상호 대립과 보완의 구조에서 시작된다. 사주명리학의 고전인 《연해자평평주》는 "사람은 천지에서 품수받아 명이 음양에 속해 있고 하늘과 땅 안에서 살아가니 모든 것이 오행의 가운데에 있다"고 말하고 있다. 명리는 천지의 음양을 근본으로 하여 형성되었으며, 천지로부터 부여받은 명을 오행의 운용을 통해 시중지도(時中之道, 그때의 상황에 맞는 중용의 도를 실천하며 살아야 한다는 뜻)의 실행을 다루는 학문이다. 명리는 자연의 질서인 하늘의 움직임에서 운명의 해답을 찾고자 하는 것이다.

명리는 사람이 살아가는 데 있어 기본적으로 중요한 재물, 부부나 이성과의 관계, 대인관계, 직업, 부모와의 관계, 자식, 건강 등에 대해 다루고 이들의 길흉화복을 중심에 둔다. 때문에 일각에서는 물질을 추구하는 성향이 강한 명리를 폄하하기도 한다. 또 현대의 과학적 입장에서는 명리를 건강 부회한 논리로 취급하기도 한다. 그럼에도 불구하고 명리의 긍정적인 면들을 부정할 수는 없다. 인간의 명을 탐구하는 사주명리에는 외적이고 물질적인 면과 내적이고 도덕적인 면이 공존하고 있다. 명리가 가진 2가지 얼굴 가운데 외적이고 물질적인 면만 보고 부정적으로 판단하는 것은 결코 명리를 제대로 이해한 것이 아니다.

그렇다면 명리를 어떻게 이해하고 받아들여야 할까? 명과 명리에 임하는 자세에 대해서 왕충은 이렇게 말했다. "고전에 의하면 명(命)에는 3가지 종류가 있다. 하나는 정명(正命)이며, 둘째는 수명(隨命)이며, 셋째는 조명(遭命)

이다. 정명은 본래 품수받아 저절로 길함을 받은 것을 말한다. 타고난 골상이 좋기 때문에 행실을 취해 복을 구하지 않아도 길함이 저절로 들어온다. 수명은 죽도록 힘써 행실을 닦음으로써 복이 이르거나 자기의 욕정을 쫓아 행하여 흉화가 이르는 것이다. 조명은 선을 행하였는데도 나쁜 결과를 얻고 뜻밖에 우연히 화를 당하는데, 바라는 것이 아니지만 밖에서 흉화를 만나므로 조명이라 한다."

정명과 조명은 자신의 노력과는 상관없이 하늘로부터 주어진 명에 의해 결정된다. 자신의 의지와 노력에 의해 어느 정도 결정되는 명은 수명이라 부른다. 사주명리학에서 강조하는 것이 바로 이 수명이다. 명리를 통해 명을 파악하고자 하는 목적에는 이미 자신의 명을 주체적이고 능동적으로 개선해보려는 의지와 노력이 담겨 있다.

또한 사주명리는 자연과 사회, 사람과 사회, 사람과 자연, 사람과 사람을 조화시키고자 한다. 사람의 내면에는 하늘과 자연이 바탕이 되어 있다고 명리는 보고 있다. 자연과 사회와 사람과 사람은 서로 어느 쪽으로도 편중되지 않고 중화될 때, 비로소 하늘로부터 부여받은 운명에 부합되게 능동적으로 살아갈 수 있다는 것이다. 즉 인간이란 운명결정론에 부딪쳐 주저앉지 않고 '나'라는 존재가 '현실'에 적극적으로 대처하며 '미래'를 맞이할 수 있는 가능성의 존재라고 규정한다. 이는 인간 각각에 대한 뜨거운 사랑을 근본으로 하는 인간존중 사상을 바탕으로 한다.

결국 사주명리의 본질은 외적으로는 물질적, 정신적, 육체적 안락함을 이루는 것을 목적으로 하고 동시에 내적으로 마음의 수련을 통한 노력으로 도덕적 인성을 확립하는 데 있다. 이것이 바로 하늘로부터 받은 운명을 올바르게 실천하며 인간다운 삶을 추구하는 것이라고 정의한다. 따라서 사주명리는 인간존재의 근원을 밝힘과 동시에 하늘이 부여한 운명을 올바르게 파악하고 실천하기 위한 방법임을 알 수 있다.

02

사주풀이, 이것만 알면 쉽다

사주의 기본 구성

생년, 생월, 생일, 생시, 이 4가지로 명리의 구조가 이루어진다. 또한 각각을 음양의 구조로 이해할 수 있는데, 천간(天干)과 지지(地支)로 나누어 천간의 네 글자는 양으로, 지지의 네 글자는 음으로 본다. 천은 하늘이요 양이고, 지지는 땅이요 음이다. 천간과 지지의 글자는 다시 목, 화, 토, 금, 수의 오행으로 배치되고 그 오행은 다시 음양으로 나뉜다.

이 여덟 글자를 만들고 있는 10간(갑·을·병·정·무·기·경·신·임·계)과 12지(자·축·인·묘·진·사·오·미·신·유·술·해)의 각 글자들은 일종의 부호 역할을 한다. 10간과 12지는 자연을 구성하고 있는 하나의 개체로서 각각 독립

되어 있는 것이 아니라 상호 유기적인 관계를 형성하고 있다. 음양오행과 밀접한 관련을 가지며 자연과 생명의 영속성을 표현한다.

사주명리는 이러한 10간 12지에 음양오행의 이론을 적용하여 이러한 상호 관계를 통해 운명을 판단한다. 명리는 봄, 여름, 가을, 겨울로 반복되는 자연의 질서에 음양오행의 이론을 도입해 사람의 길흉화복을 예측한다. 여기에 사람의 성격과 재능, 기술, 직업, 부모형제와의 관계, 대인관계, 건강, 부귀, 수명까지 판단할 수 있다.

10간과 12지 그리고 60갑자에 대해 사주 하나를 예로 들어보겠다. 누군가의 생년, 생월, 생일, 생시가 음력 2004년 3월 20일 06시라고 해보자. 이것을 만세력(천체를 관측하여 해와 달의 운행과 절기 따위를 적은 책)으로 정리해 60갑자의 사주명리 부호로 표시하면 다음과 같다.

음력 2004년 3월 20일 06시의 60갑자 적용
- 생년 : 2004년은 간지를 이용한 60갑자에 따라 갑신(甲申)년이다.
- 생월 : 2004년 3월은 간지를 이용한 60갑자에 따라 기사(己巳)월이다.
- 생일 : 2004년 3월 20일은 간지를 이용한 60갑자에 따라 정해(丁亥)일이다.
- 생시 : 2004년 3월 20일 생시 06시를 만세력에 있는 시의 간지 조견표로 따져보면 60갑자에 따라 계묘(癸卯)시이다.

TIP 만세력은 외우는 것이 아니라 별도책자가 있으며 인터넷 사이트나 스마트폰 어플을 이용해 손쉽게 본인의 사주를 알 수 있다.

일주의 천간 태어난 시간	갑(甲) 기(己)	을(乙) 경(庚)	병(丙) 신(辛)	정(丁) 임(壬)	무(戊) 계(癸)
자(子)시 23시 30분~1시 30분	갑자(甲子)	병자(丙子)	무자(戊子)	경자(庚子)	임자(壬子)
축(丑)시 1시 30분~3시 30분	을축(乙丑)	정축(丁丑)	기축(己丑)	신축(辛丑)	계축(癸丑)
인(寅)시 3시 30분~5시 30분	병인(丙寅)	무인(戊寅)	경인(庚寅)	임인(壬寅)	갑인(甲寅)
묘(卯)시 5시 30분~7시 30분	정묘(丁卯)	기묘(己卯)	신묘(辛卯)	계묘(癸卯)	을묘(乙卯)
진(辰)시 7시 30분~9시 30분	무진(戊辰)	경진(庚辰)	임진(壬辰)	갑진(甲辰)	병진(丙辰)
사(巳)시 9시 30분~11시 30분	기사(己巳)	신사(辛巳)	계사(癸巳)	을사(乙巳)	정사(丁巳)
오(午)시 11시 30분~13시 30분	경오(庚午)	임오(壬午)	갑오(甲午)	병오(丙午)	무오(戊午)
미(未)시 13시 30분~15시 30분	신미(辛未)	계미(癸未)	을미(乙未)	정미(丁未)	기미(己未)
신(申)시 15시 30분~17시 30분	임신(壬申)	갑신(甲申)	병신(丙申)	무신(戊申)	경신(庚申)
유(酉)시 17시 30분~19시 30분	계유(癸酉)	을유(乙酉)	정유(丁酉)	기유(己酉)	신유(辛酉)
술(戌)시 19시 30분~21시 30분	갑술(甲戌)	병술(丙戌)	무술(戊戌)	경술(庚戌)	임술(壬戌)
해(亥)시 21시 30분~ 23시 30분	을해(乙亥)	정해(丁亥)	기해(己亥)	신해(辛亥)	계해(癸亥)

음력 2004년 3월 20일 06시 태생의 사주

시	일	월	년	4개의 세로로 된 기둥
癸 卯	丁 亥	己 巳	甲 申	8개의 글자(천간의 4글자와 지지의 4글자)

※ 위와 같이 10간의 4개 글자와 12지의 4개 글자가 서로 2개씩 세로로 결합해 4개의 기둥으로 배열됐다. 세로로 된 4개의 기둥, 즉 '넉 사(四)'와 '기둥 주(柱)'가 합쳐져 '사주'라고 하는 것이다. 또 총 여덟 자이기에 '8자(八字)'라고도 한다. 이 '사주'와 '팔자'가 합쳐져 '사주팔자'라고 한다.

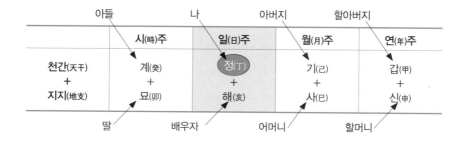

위의 사주에서 태어난 연의 위 글자인 갑(甲)은 가족 관계에서 할아버지나 남자 조상을 뜻한다. 태어난 연의 아래 글자인 신(申)은 가족 관계에서 할머니나 여자 조상을 뜻한다. 태어난 월의 위 글자인 기(己)는 아버지를 뜻하고 태어난 월의 아래 글자인 사(巳)는 어머니를 뜻한다. 태어난 일의 위 글자인 정(丁)은 자신을 뜻하고 태어난 날의 아래 글자인 해(亥)는 배우자를 뜻한다. 마지막으로 태어난 시의 위 글자인 계(癸)는 자녀 중에서 남자를 뜻하고 태어난 시의 아래 글자 묘(卯)는 자녀 중에서 여자를 뜻한다.

사주풀이를 위한 6가지 기본 요소

사주는 연주, 월주, 일주, 시주를 천간이자 10간인 양(陽)과 지지이자 12지인 음(陰)으로 바꿔 쓴 것이다. 여기서 천간은 녹(祿)의 근본이니 일생 벼슬의 자리가 높고 낮음과 명성을 정하고, 지지는 명의 기초가 되어 가정과 건강과 재물을 본다. 그럼 구체적으로 사주풀이를 위해 알아야 할 6가지

기본 요소에 대하여 살펴보자.

① 연주(年柱)

생년의 천간과 지지를 말한다. 사람의 일생에서 대략 15세 전후의 유년기를 나타낸다. 그러나 현대 명리에서는 대략 20세 전후로 보는 경우가 많다. 과거에는 60세를 사람의 평균 수명으로 보았으나 오늘날은 사람의 평균 수명을 80세로 보기 때문이다. 또 현대 명리에서는 연주를 가족관계 중에서도 조상의 자리로 보고 자신과 조상과의 관계를 판단하는 척도로 여긴다. 즉 연(年) 천간은 양이며 남자인 할아버지가 되고, 연(年) 지지는 음이며 여자인 할머니가 된다. 이 자리를 사주명리 용어로 뿌리(根)라고 하는데, 이를 통해 사람의 출생을 알 수 있다.

② 월주(月柱)

생월의 천간과 지지를 말한다. 이 생월의 기간은 15세 전후에서 30세 전후의 시기로 보고 있다. 현대에는 일반적으로 20세부터 40세 전후의 시기를 가리키며 가족관계에서는 부모형제의 자리에 해당한다. 그래서 자신과 부모 혹은 자신과 형제들과의 관계를 볼 때 생월과 자신과의 관계를 살피게 된다. 혹은 대인관계에서 손윗사람이나 선배의 자리로 보기도 한다. 사주명리에서는 생월의 자리 중에서 지지를 '월령(月令 또는 月氣令)'이라고 하여 특히 중요하게 다룬다. 만약 사주의 여덟 글자가 운명에 미치는 힘을 8분의 1로 나눌 수 있다면 월령의 기운에는 그 이상의 힘을 실어 주어 다른 자리의 글자보다 명에 미치는 영향이 더 크다고 본다. 생월의 천간은 부모 중에서도 아버지를 나타내고, 월의 지지는 어머니를 나타낸다. 그러니까 모든 관계 중에서 특히 어머니와의 관계를 중요시한 것과 마찬가지다. 이는 사람이 부모에 의해 생기게 되나 어머니의 자궁에서 잉태되어서 자라고 어머니로부터 세상에 태어나 일정한 나이가 될 때까지 어머니의 품에서 자라게 되므로 어머니와의 관계를 중요하게 생각하는 것과 같다. 그래서 사주명리에서는 어머니의 자리를 자신의 자리인 일간과 함께 중요하게 생각한다. 이는 사주명리가 흔히 유교적 사회에서 다듬어진 남성중심적 운명예측학이라고 보는 견해와는 정면으로 어긋난다. 또 일간 위주의 사주명리에서 월령은 사주에서 운을 좋게 해주는 역할을 하는 용신(用神)을 정하는 중요한 방법 중의 하나인데 이를 사주 전문 용어로 격국(格局)이라고 한다.

③ 일주(日柱)

생일의 천간과 지지를 말한다. 인간사에서 경영을 주관하는 곳으로 중년의 길흉을 단정하는 자리다. 옛날에는 일주가 30세 전후에서 45세 전후의 시기를 예측하는 것으로 생각했지만 오늘날에는 일반적으로 40세 전후에서 60세 전후의 시기로 보고 있다. 이 자리는 가족 관계에서 자기 자신과 배우자를 뜻한다. 특히 생일의 천간인 일간(日干)은 자기 자신에 해당하므로 오늘날의 사주명리에서 중요한 위상을 차지한다. 주로 일간을 중심으로 해 인간의 명을 분석하고 미래를 예측하고 있기 때문이다. 또한 일주 지지의 자리는 자신의 배우자 자리가 되니 남성의 경우는 아내가, 여성의 경우에는 남편이 된다. 대인관계에서는 동료나 친구에 해당하기도 한다.

일 천간의 특징 알기

갑목(甲木) : 우거진 숲의 크고 곧은 나무로 반드시 다듬어져야 쓸모가 있어진다.

을목(乙木) : 관상용 화초목으로 사람에게 아름다움을 선사하고 과일이나 곡식에 비유된다.

병화(丙火) : 태양이요, 큰 용광로와 같이 크고 강한 불이다.

정화(丁火) : 달이나 모닥불, 전깃불같이 실질적인 생활수단과 밀접하게 연관된 불을 뜻한다.

무토(戊土) : 메마르고 커다란 산이나 물을 막는 제방의 큰 흙을 뜻한다.

기토(己土) : 어머니와 같이 오곡백과를 키워내는 논밭에 비유된다.

경금(庚金) : 다듬어지지 않은 원석이나 철광석 같은 것이다.

신금(辛金) : 보석이나 날카롭게 제련된 칼, 이미 형태가 만들어진 작은 금속 제품을 통칭한다.

임수(壬水) : 바닷물이나 넓고 큰 호수, 강에 비유된다.

계수(癸水) : 하늘에 뜬구름이나 내리는 빗물, 작은 시냇물을 말한다.

④ 시주(時柱)

생시의 천간과 지지를 말한다. 연령으로 보면 말년운을 의미한다. 고전 사주명리에서는 45세 전후에서 60세까지의 시기로 정했으나 오늘날에는 일반적으로 60세 이후를 뜻하며 일의 결과에 해당되니 말년의 영화와 고생을 정하는 곳이다. 가족 관계에서 보면 일간을 기준으로 하여 시주는 자식의 자리에 해당한다. 시 천간은 음과 양 중에 양이므로 자식 중에서 아들의 자리가 되고, 지지는 음으로 자식 중에서 딸의 자리가 된다.

⑤ 대운(大運)

사주명리에는 사주의 여덟 글자 이외에도 대운이라는 것이 있다. 사주가 태어나면서 정해진 고정된 명(命)이라면, 대운은 그 사주의 명이 시간의 진행 과정에서 운을 맞게 되는 것이다. 대운은 사주의 월주를 기준으로 해 60갑자의 형성과 그 진행이 순행과 역행으로 이루어진다. 양남음녀(陽男陰女)는 미래절로 세어 순행(오른쪽 방향으로 진행)하고 음남양녀(陰男陽女)는 과거절로 세어 역행(왼쪽 방향으로 진행)한다. 여기서 어려운 것 중 하나가 대운의 숫자를 뽑는 방법인데, 사실 이 부분은 만세력을 보면 쉽게 알 수 있다. 먼저 대운을 뽑는 기본적인 방법에 대해서 짚고 넘어가도록 하자.

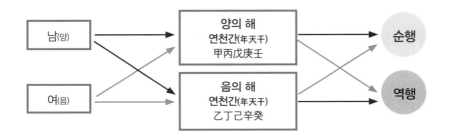

예를 들면 1966년 음력 10월 11일 오전 8시에 태어난 사람이 있다고 하자. 이 사람은 병오(丙午)년, 기해(己亥)월, 을유(乙酉)일, 경진(庚辰)시에 태어났으며 대운의 수를 만세력에서 보면 5이다. 또 연의 천간이 병(丙)인데, 병

은 음양 중에서 양이다.

남자

시주	일주	월주	연주
경(庚)	을(乙)	기(己)	병(丙)
진(辰)	유(酉)	해(亥)	오(午)

양(陽)

따라서 남자가 양(陽)의 해에
태어났으니 순행

따라서 양명의 남성이 되니 60갑자의 대운은 미래절로 세어 순행한다.
즉, 아래 표에서 오른쪽 방향으로 진행하는 것이다. 기준은 월주인 기해(己
亥)가 되니 경자(庚子), 신축(辛丑), 임인(壬寅), 계묘(癸卯) 등으로 매 일궁마다
10년씩 머물며 순행하는 것이다.

갑(甲) 자(子)	을(乙) 축(丑)	병(丙) 인(寅)	정(丁) 묘(卯)	무(戊) 진(辰)	기(己) 사(巳)	경(庚) 오(午)	신(辛) 미(未)	임(壬) 신(申)	계(癸) 유(酉)
갑(甲) 술(戌)	을(乙) 해(亥)	병(丙) 자(子)	정(丁) 축(丑)	무(戊) 인(寅)	기(己) 묘(卯)	경(庚) 진(辰)	신(辛) 사(巳)	임(壬) 오(午)	계(癸) 미(未)
갑(甲) 신(申)	을(乙) 유(酉)	병(丙) 술(戌)	정(丁) 해(亥)	무(戊) 자(子)	기(己) 축(丑)	경(庚) 인(寅)	신(辛) 묘(卯)	임(壬) 진(辰)	계(癸) 사(巳)
갑(甲) 오(午)	을(乙) 미(未)	병(丙) 신(申)	정(丁) 유(酉)	무(戊) 술(戌)	기(己) 해(亥)	경(庚) 자(子)	신(辛) 축(丑)	임(壬) 인(寅)	계(癸) 묘(卯)
갑(甲) 진(辰)	을(乙) 사(巳)	병(丙) 오(午)	정(丁) 미(未)	무(戊) 신(申)	기(己) 유(酉)	경(庚) 술(戌)	신(辛) 해(亥)	임(壬) 자(子)	계(癸) 축(丑)
갑(甲) 인(寅)	을(乙) 묘(卯)	병(丙) 진(辰)	정(丁) 사(巳)	무(戊) 오(午)	기(己) 미(未)	경(庚) 신(申)	신(辛) 유(酉)	임(壬) 술(戌)	계(癸) 해(亥)

따라서 이 사람의 대운은 아래와 같아진다. 5세를 기점으로 매 10년마다 운이 달라지는 것이다.

庚子 5세	辛丑 15세	壬寅 25세	癸卯 35세	甲辰 45세	乙巳 55세	丙午 65세	丁未 75세	戊申 85세

이번에는 1970년 음력 9월 22일 밤 8시에 태어난 여자의 대운을 뽑아보자. 사주는 경술(庚戌)년, 병술(丙戌)월, 갑술(甲戌)일, 경술(甲戌)시이고 대운의 주기는 4이다. 연 천간이 경(庚)이고 경은 음양 중에서 양이니 양명이 되고, 여성이니 과거절로 세어서 역행한다. 태어난 달인 병술을 기준으로 역행해 을유(乙酉), 갑신(甲申), 계미(癸未), 임오(壬午) 등으로 매 일궁마다 10년씩 머물며 역행하는 것이다. 따라서 이 사람은 4세, 14세, 24세, 34세, 44세, 54세 등을 기점으로 운이 바뀌게 된다.

여기서 대운의 숫자를 정하는 방법은 이러하다. 대운은 사주의 월주를 기준으로 하여 60갑자의 형성과 그 진행이 순행과 역행으로 이루어지게 된다고 했다. 양남음녀는 미래절로 세어 순행하고 음남양녀는 과거절로 세어 역행한다고 했다. 예를 들면 음력 병오(丙午)년 10월 11일생 사람이 남성이라면, 연 천간이 병(丙)이며 병(丙)은 음양 중에서 양이다. 따라서 양명의 남성이 되니 60갑자의 대운은 미래절로 세어 순행한다. 병오년 음력 9월 26일이 입동이고 음력 10월 26일이 대설이다. 이 사람은 그 사이의 음력 10월 11일에 태어났다. 연 천간이 양인 남자이므로 태어난 11일부터 다음 절기인 대설까지 날짜 수를 모두 계산한다. 11일, 12일, 13일, ……. 25일, 26일을 모두 합하면 16일이 된다. 대운에서 숫자 계산은 3일이 1세가 되는데 16일을 3으로 나누면 몫이 5가 되고 나머지가 1이 된다. 항상 나누는 숫자는 3이다. 이것은 명리학에서 공식과도 같다. 그래서 모든 숫자를 나누면 딱 맞게 나누어 떨어지거나 나머지가 1이나 2가 된다. 이때 반올림과 반내림을 적용하는데, 나머지가 1이 되면 버리고 나머지가 2가 되면 반올림해서 계산한다. 예시에서 날짜가 16일이니 3으로 나누면 몫이 5가 되고 나머지가 1이된다. 1을 버리면 대운의 숫자는 5가 된다. 따라서 기해(己亥)월을 쫓아 대운이 진행되니 기해가 대운이 일어나는 기준 월이 된다. 5세부터 대운을 일으키니 본궁 기해 위에서 4년을 머무르고 5세가 되는 본 생월, 생일부터 경자(庚子) 위에서 교체하여 5세부터 14세까지 10년, 신축(辛丑)에서 15세부터 24세까지 10년, 임인(壬寅)에서 25세부터 34세까지 10년, 계묘(癸卯)에서 35세부터 44세까지 10년으로 하나의 대운에 10년씩 머물며 순행해 간다.

또 만약 음력 병오년 10월 11일생의 여성이라면, 연 천간이 병(丙)이고 병은 음양 중에서 양이니 양명이 되고, 여성이니 과거절로 세어서 역행한다. 병오년 음력 9월 26일이 입동이다. 여자는 음이니 태어난 11일부터 뒤의 절기인 입동까지 날짜를 모두 계산하면 15일이 된다. 즉 11일, 10일, 9일… 27일, 26일을 모두 세보면 15일이 되는 것이다. 이것을 3으로 나누면 몫이 5로 딱 떨어진다. 그래서 이 여성의 대운 숫자는 5가 된다. 기해(己亥)월을 쫓아 대운이 진행되니 기해가 대운이 일어나는 기준 월이 된다. 그런데 이 사주는 여자이고 연 천간이 양인 병이므로 대운은 60갑자가 순행이 아니고 역으로 흘러가는 역행이라 했다. 따라서 5세부터 대운을 일으키니 본궁 기해 위에서 4년을 머무르고, 5년째 본 생월, 생일부터 60갑자가 역행하여 무술(戊戌), 정유(丁酉), 병신(丙申), 을미(乙未) 순으로 진행된다. 무술 대운은 5세부터 14세까지의 10년이고 정유대운은 15세부터 24세까지 10년, 병신대운은 25세부터 34세까지의 10년, 을미대운은 35세부터 44세까지의 10년이 되니, 하나의 대운에 10년씩 머물며 역행해 간다.

> **TIP** 만약 이 대운의 숫자를 계산하는 것이 어렵다면 기분 좋게 잊어버려도 좋다. 만세력을 보면 숫자가 모두 계산되어 나와 있으니 그대로 보고 사용하면 된다.

그렇다면 대운이 적용되기 전은 어떻게 알 수 있을까? 이때를 소운이라고 하는데, 이때는 그냥 태어난 해를 한 살로 하여 60갑자를 순행시키면 된다. 그러다가 대운과 만나는 연도에서 대운을 적용하면 되는 것이다. 예를 들어 대운의 수가 3이면 대운은 세 살부터 적용하게 된다. 그러면 태어난 해와 그 다음 해인 2세의 해에는 대운을 적용하지 않고 소운만 적용한다. 2014년에 태어났는데 대운이 3이면 2014년은 갑오(甲午)년이고 2015년은 을미(乙未)년이다. 이때는 대운을 적용하지 않고 사주에 소운만 적용한다. 2016년 병신(丙申)년은 세 살이 되는데 대운이 3이므로 이때부터 사주에 대운과 소운을 함께 적용하면 되는 것이다.

⑥ 용신(用神)

용신이란 명(命)이 길(吉)하고 복(福)이 될 수 있도록 중화를 이루게 해주는 10간과 12지를 말한다. 용신을 정하는 방법으로는 크게 억부, 병약, 조후, 전왕, 통관 등 5가지가 있다. 억부는 강한 자를 누르고 약한 자를 도와주는 것을 말한다. 병약은 모든 만물에는 생장을 방해하는 병이 있고, 이를 치료하는 약이 있는데 병을 제거하는 것이 약이 되는 것을 뜻한다. 조후는 춥고, 덥고, 마르고, 습한 기운이 고루 배치되도록 조화시켜주는 것을 말한다. 전왕은 사주의 구성이 한 가지 오행으로 이루어진 것으로, 그 세력에 순종하는 것을 말한다. 통관은 사주가 2가지 세력이 대등하게 형성되어 있을 때 중간에서 소통시켜주는 것을 말한다(심효첨 저, 서락오 평주, 《자평진전평주子平眞詮評註》에서 발췌). 용신 구하는 방법은 뒤에서 자세히 소개하기로 한다.

03

사주에서 나와 십신의 관계 이해하기

　　　　　　사주명리를 해석해 사람의 운명을
예측할 때, 가장 중요한 것이 자기 자신을 뜻하는 일주 천간, 즉 일간(日干)이
다. 일간 이외의 연주, 월주, 시주의 간지와 일지(日支)는 그 사람과 관계되
는 사람이나 일을 대표한다. 나머지 간지는 아생(我生, 일간이 생하는 것), 아극
(我克, 일간이 극하는 것), 생아(生我, 일간을 생하는 것), 극아(尅我, 일간을 극하는 것), 동
류(同類, 일간과 같은 것)라 부른다. 이와 같은 관계를 육신 또는 육친(六親)이라
고 하는데 나의 부모, 형제, 처자와의 혈연관계를 뜻하는 단어와 같다.

사주와 일 천간

사주를 풀이할 때는 먼저 일 천간(日天干)의 오행을 나(我)로 정해 놓고, 나와 나머지 오행이 어떤 관계를 맺고 있는지, 즉 생을 하는지 극하는지 등 생극비화(生克比和)를 정하는 것으로 시작한다. 일간은 기타 각 간지와 일지(日支)와의 관계에서 시간적 관계와 음양오행의 생극관계(生剋關係), 또는 동류의 관계를 갖는다. 이러한 일간이 다른 글자들과 상생상극(相生相剋)의 현상을 일으키는 것을 비견(比肩), 겁재(劫財), 식신(食神), 상관(傷官), 정재(正財), 편재(偏財), 정관(正官), 편관(偏官), 정인(正印), 편인(偏印)이라는 육신의 개념에 대입할 수 있다. 비견, 겁재, 식신 등 모두 10가지를 가리켜 십신(十神)이라고도 한다.

육신에서 나를 생하는 것은 정인과 편인이고 나를 극하거나 살(殺)하는 것은 정관과 편관이며, 나와 같은 것은 비견과 겁재이며, 내가 생하는 것을 식신과 상관이라 하며, 내가 극하는 것을 정재와 편재라 한다.

그림을 보면 일 천간(我)을 생하는 것이 정인과 편인인데 정인은 양이 음을 생하거나 혹은 음이 양을 생하는 것

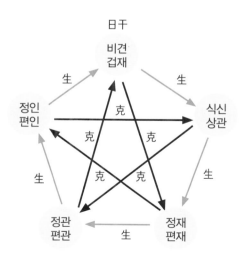

이고, 편인은 양이 양을 생하거나 혹은 음이 음을 생하는 것을 말한다. 나를 극하는 것은 정관과 편관인데, 정관은 양이 음을 극하거나 음이 양을 극하고, 편관은 양이 양을 극하거나 혹은 음이 음을 극하는 것을 말한다. 나와 같은 것은 비견과 겁재인데, 비견은 양이 양과 같거나 혹은 음이 음과 같은 것이고, 겁재는 양이 음과 같거나 혹은 음이 양과 같은 것을 말한다. 내가 생하는 것은 상관과 식신인데 상관은 양이 음을 생하거나 혹은 음이 양을 생하는 것이고, 식신은 양이 양을 생하거나 음이 음을 생하는 것을 말한다. 내가 극하는 것은 정재와 편재인데, 정재는 양이 음을 극하거나 혹은 음이 양을 극하는 것이고, 편재는 양이 양을 극하거나 혹은 음이 음을 극하는 것을 말한다.

> **십신(十神) 이해하기**
> - 자신의 일주 천간과 같은 오행이면서 음양이 같은 것 → **비견**
> - 자신의 일주 천간과 같은 오행이면서 음양이 다른 것 → **겁재**
>
> - 자신의 일주 천간이 생하는 오행이면서 음양이 같은 것 → **식신**
> - 자신의 일주 천간이 생하는 오행이면서 음양이 다른 것 → **상관**
>
> - 자신의 일주 천간이 극하는 오행이면서 음양이 같은 것 → **편재**
> - 자신의 일주 천간이 극하는 오행이면서 음양이 다른 것 → **정재**
>
> - 자신의 일주 천간을 극하는 오행이면서 음양이 같은 것 → **편관**
> - 자신의 일주 천간을 극하는 오행이면서 음양이 다른 것 → **정관**
>
> - 자신의 일주 천간을 생하는 오행이면서 음양이 같은 것 → **편인**
> - 자신의 일주 천간을 생하는 오행이면서 음양이 다른 것 → **정인**

그러나 비견, 겁재, 식신, 상관, 정재, 편재, 정관, 편관, 정인, 편인에 각각 들어 있는 뜻은 상대적인 것으로 시대나 환경에 따라서도 해석의 차이가 생길 수밖에 없다. 따라서 유동적으로 해석할 수밖에 없다는 것을 미리 알고 이해하는 것이 좋겠다.

이제부터는 본격적으로 사주와 오행, 십신의 관계를 살펴보자. 예를 들어 양력 2014년 8월 15일 20시에 태어난 사람이 있다고 가정해보자.

■ 십신과 오행의 상생상극

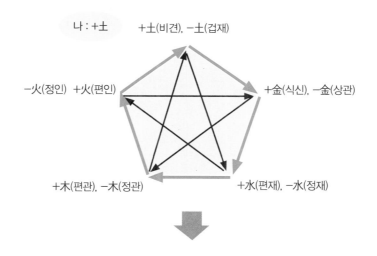

시주	일주	월주	연주
임(壬) +水(편재) 술(戌) +土(비견)	무(戊) +土(나) 오(午) −火(정인)	임(壬) +水(편재) 신(申) +金(식신)	갑(甲) +木(편관) 오(午) −火(정인)

■ **10간 대 10간의 육신표**

간(干) / 십신	갑(甲) +목	을(乙) -목	병(丙) +화	정(丁) -화	무(戊) +토	기(己) -토	경(庚) +금	신(辛) -금	임(壬) +수	계(癸) -수
비견(比肩)	갑(甲)	을(乙)	병(丙)	정(丁)	무(戊)	기(己)	경(庚)	신(辛)	임(壬)	계(癸)
겁재(劫財)	을(乙)	갑(甲)	정(丁)	병(丙)	기(己)	무(戊)	신(辛)	경(庚)	계(癸)	임(壬)
식신(食神)	병(丙)	정(丁)	무(戊)	기(己)	경(庚)	신(辛)	임(壬)	계(癸)	갑(甲)	을(乙)
상관(傷官)	정(丁)	병(丙)	기(己)	무(戊)	신(辛)	경(庚)	계(癸)	임(壬)	을(乙)	갑(甲)
편재(偏財)	무(戊)	기(己)	경(庚)	신(辛)	임(壬)	계(癸)	갑(甲)	기(乙)	병(丙)	정(丁)
정재(正財)	기(己)	무(戊)	신(辛)	경(庚)	계(癸)	임(壬)	을(乙)	갑(甲)	정(丁)	병(丙)
편관(偏官)	경(庚)	신(辛)	임(壬)	계(癸)	갑(甲)	기(乙)	병(丙)	정(丁)	무(戊)	기(己)
정관(正官)	신(辛)	경(庚)	계(癸)	임(壬)	을(乙)	갑(甲)	정(丁)	병(丙)	기(己)	무(戊)
편인(偏印)	임(壬)	계(癸)	갑(甲)	기(乙)	병(丙)	정(丁)	무(戊)	기(己)	경(庚)	신(辛)
정인(正印)	계(癸)	임(壬)	을(乙)	갑(甲)	정(丁)	병(丙)	기(己)	무(戊)	신(辛)	경(庚)

10간과 10간 상호 간의 관계를 정리한 것이 10간 대 10간의 육신관계다. 여기서 갑(甲)이 갑(甲)을 만나면 비견이 되고, 갑(甲)이 을(乙)을 만나면 을은 겁재가 된다. 갑(甲)이 병화(丙火)를 만나면 병은 식신이 되고, 정화(丁火)를 만나면 정은 상관이 된다. 갑(甲)이 무토(戊土)를 만나면 무는 편재가 되고, 기토(己土)를 만나면 기는 정재가 된다. 갑(甲)이 경금(庚金)을 만나면 경은 편관이 되고, 신금(辛金)을 만나면 신은 정관이 된다. 갑(甲)이 임수(壬水)를 만나

면 임은 편인이 되고, 갑(甲)이 계수(癸水)를 만나면 계는 정인이 된다. 또 갑(甲)은 병(丙)이 식신, 을(乙)은 정(丁)이 식신, 병(丙)은 무(戊)가 식신, 정(丁)은 기(己)가 식신, 무(戊)는 경(庚)이 식신, 기(己)는 신(辛)이 식신, 경(庚)은 임(壬)이 식신, 신(辛)은 계(癸)가 식신, 임(壬)은 갑(甲)이 식신, 계(癸)는 을(乙)이 식신이다. 나머지도 10간 대 10간의 육신도 표를 보면 쉽게 알 수 있다. 육신은 10간에 인간의 생활에서 일어나고 있는 현상들을 대입하고 해석하는 방법으로 사주명리 해석에서 중요한 역할을 차지한다.

그리고 10간에 12지를 대입해 육신의 관계를 찾는 것을 10간 대 12지의 육신 관계라 한다.

여기서 갑이 인목(寅木)을 만나면 인이 비견이 되고, 갑이 묘목(卯木)을 만나면 묘가 겁재가 된다. 갑이 사화(巳火)를 만나면 사는 식신이 되고, 오화(午火)를 만나면 오는 상관이 된다. 갑이 진토(辰土)와 술토(戌土)를 만나면 진과 술은 편재가 되고, 축토(丑土)과 미토(未土)를 만나면 축과 미는 정재가 된다. 갑이 신금(申金)을 만나면 신은 편관이 되고, 유금(酉金)을 만나면 유는 정관이 된다. 갑이 해수(亥水)를 만나면 해는 편인이 되고, 갑이 자수(子水)를 만나면 자는 정인이 된다. 또 갑은 사(巳)가 식신, 을(乙)은 오(午)가 식신, 병(丙)은 진(辰)과 술(戌)이 식신, 정(丁)은 축(丑)과 미(未)가 식신, 무(戊)는 신(申)이 식신, 기(己)는 유(酉)가 식신, 경(庚)은 해(亥)가 식신, 신(辛)은 자(子)가 식신, 임(壬)은 인(寅)이 식신, 계(癸)는 묘(卯)가 식신이다. 나머지 10간 대 12지의 육신도 이와 같다. 육신, 십신은 결국 기존의 간지에 대한 설명을 명리적 해석으로 더욱 발전, 변형시킨 것이다. 육신으로 인해 간지는 인간의 삶을 해석하고 운

■ 10간 대 12지의 육신표

십신 \ 간(干)	갑(甲) +목	을(乙) −목	병(丙) +화	정(丁) −화	무(戊) +토	기(己) −토	경(庚) +금	신(辛) −금	임(壬) +수	계(癸) −수
비견(比肩)	인(寅)	묘(卯)	사(巳)	오(午)	진(辰)술(戌)	축(丑)미(未)	신(申)	유(酉)	해(亥)	자(子)
겁재(劫財)	묘(卯)	인(寅)	오(午)	사(巳)	축(丑)미(未)	진(辰)술(戌)	유(酉)	신(申)	자(子)	해(亥)
식신(食神)	사(巳)	오(午)	진(辰)술(戌)	축(丑)미(未)	신(申)	유(酉)	해(亥)	자(子)	인(寅)	묘(卯)
상관(傷官)	오(午)	사(巳)	축(丑)미(未)	진(辰)술(戌)	유(酉)	신(申)	자(子)	해(亥)	묘(卯)	인(寅)
편재(偏財)	진(辰)술(戌)	축(丑)미(未)	신(申)	유(酉)	해(亥)	자(子)	인(寅)	묘(卯)	사(巳)	오(午)
정재(正財)	축(丑)미(未)	진(辰)술(戌)	유(酉)	신(申)	자(子)	해(亥)	묘(卯)	인(寅)	오(午)	사(巳)
편관(偏官)	신(申)	유(酉)	해(亥)	자(子)	인(寅)	묘(卯)	사(巳)	오(午)	진(辰)술(戌)	축(丑)미(未)
정관(正官)	유(酉)	신(申)	자(子)	해(亥)	묘(卯)	인(寅)	오(午)	사(巳)	축(丑)미(未)	진(辰)술(戌)
편인(偏印)	해(亥)	자(子)	인(寅)	묘(卯)	사(巳)	오(午)	진(辰)술(戌)	축(丑)미(未)	신(申)	유(酉)
정인(正印)	자(子)	해(亥)	묘(卯)	인(寅)	오(午)	사(巳)	축(丑)미(未)	진(辰)술(戌)	유(酉)	신(申)

명을 풀어내는 암호와 같은 기능을 더욱 보강하게 된 셈이다.

지금까지 육신에 깃든 뜻과 구성을 살펴봤다. 그러나 육신을 해석할 때

유의할 점이 있다. 육신의 구조는 비교적 체계적이고 합리적으로 만들어졌지만 자칫 용어에만 얽매이게 되면 그 참된 의미를 잃게 된다. 명리 분석에서 가장 중요한 것은 음양오행의 변화를 통한 사주의 전반적인 조화, 즉 중화(中和)에 있음을 다시 한 번 명심해야 한다.

04

사주의
생성쇠멸에 대하여

　　태어나서 성장하고 늙고 죽는 과정
을 생성쇠멸이라 한다. 사주명리학에서 생성쇠멸(生成衰滅)이란 일간이 12
지를 만나게 될 때 12지가 10간을 보좌해 생기(生氣)를 얻게 되거나 설(洩)하
거나 극(剋)하여 사절(死絶, 숨이 끊어져 죽는 것)이 되는 것을 말한다. 이것을 '포
태법(胞胎法)' 또는 '십이운양생법(十二運養生法)'이라고 한다.

　　포태법은 간지로 인간이 태어나 일생 동안 살아가는 과정, 즉 자연순환
론에 비유할 수 있다. 이론은 이렇다. 12지는 12개월이므로 모든 10간은 장
생(長生)에서 시작하여 태(胎)와 양(養)에 이르기까지 12가지의 지위를 갖는
다. 기(氣)가 왕성해졌다가 쇠약해지고 쇠약해졌다가 다시 왕성해지는 것을
세분화한 것이 12가지 성장을 거치는 것이다. 장생, 목욕 등의 이름은 그 과

정을 형용하는 데 붙인 단어들이다.

■ 십이운양생법(포태법)

천간(天干) 포태법 (胞胎法)	갑(甲)	을(乙)	병(丙)	정(丁)	무(戊)	기(己)	경(庚)	신(辛)	임(壬)	계(癸)
장생(長生)	해(亥)	오(午)	인(寅)	유(酉)	인(寅)	유(酉)	사(巳)	자(子)	신(申)	묘(卯)
목욕(沐浴)	자(子)	사(巳)	묘(卯)	신(申)	묘(卯)	신(申)	오(午)	해(亥)	유(酉)	인(寅)
관대(冠帶)	축(丑)	진(辰)	진(辰)	미(未)	진(辰)	미(未)	미(未)	술(戌)	술(戌)	축(丑)
임관(臨官)	인(寅)	묘(卯)	사(巳)	오(午)	사(巳)	오(午)	신(申)	유(酉)	해(亥)	자(子)
제왕(帝王)	묘(卯)	인(寅)	오(午)	사(巳)	오(午)	사(巳)	유(酉)	신(申)	자(子)	해(亥)
쇠(衰)	진(辰)	축(丑)	미(未)	진(辰)	미(未)	진(辰)	술(戌)	미(未)	축(丑)	술(戌)
병(病)	사(巳)	자(子)	신(申)	묘(卯)	신(申)	묘(卯)	해(亥)	오(午)	인(寅)	유(酉)
사(死)	오(午)	해(亥)	유(酉)	인(寅)	유(酉)	인(寅)	자(子)	사(巳)	묘(卯)	신(申)
묘(墓)	미(未)	술(戌)	술(戌)	축(丑)	술(戌)	축(丑)	축(丑)	진(辰)	진(辰)	미(未)
절(絶)	신(申)	유(酉)	해(亥)	자(子)	해(亥)	자(子)	인(寅)	묘(卯)	사(巳)	오(午)
태(胎)	유(酉)	신(申)	자(子)	해(亥)	자(子)	헤(亥)	묘(卯)	인(寅)	오(午)	사(巳)
양(養)	술(戌)	미(未)	축(丑)	술(戌)	축(丑)	술(戌)	진(辰)	축(丑)	미(未)	진(辰)

위의 표를 보면 각각의 10간은 각각의 12지를 만나 12가지의 과정 중 하나와 만나게 된다. 10간의 갑(甲)이 12지의 해(亥)를 만나면 장생이 되고, 자

(子)를 만나면 목욕이 되며, 축(丑)을 만나면 관대, 인(寅)을 만나면 임관, 묘(卯)를 만나면 제왕, 진(辰)을 만나면 쇠, 사(巳)를 만나면 병, 오(午)를 만나면 사, 미(未)를 만나면 묘, 신(申)을 만나면 절, 유(酉)를 만나면 태, 술(戌)을 만나면 양이 되는 식이다.

장생자(長生者)는 사람에 비유하면 처음 태어난 것이다. 목욕자(沐浴者)는 사람이 태어난 뒤에 목욕하여 때를 씻어 버리는 것과 같다. 혹은 씨앗에서 싹이 나오면서 머리에 묻혀 나온 씨앗의 껍질이 벗겨지는 것과 같다. 관대자(冠帶者)는 형과 기가 점점 자라는 것으로 사람에 비유하면 자라서 관을 쓰고 띠를 두르는 것과 같다. 임관자(臨官者)는 자라서 장성이 되는 것이니 사람에 비유하면 벼슬에 나가는 것과 같다. 제왕자(帝旺者)는 장성함이 극에 이르니 사람에 비유하면 군을 보필하여 큰 뜻을 펴는 것과 같다. 쇠자(衰者)는 성공이 극에 달하면 쇠약해지므로 만물이 변하기 시작한다는 뜻이다. 병자(病者)란 쇠(衰)가 심해진 것이다. 사자(死者)란 기가 다 빠져 아무것도 없는 것이다. 묘자(墓者)란 조화(造化)가 수장(收藏)된 상태이니 사람에 비유하면 땅속에 매장된 것이다. 절자(絶者)란 앞의 기가 끊어진 상태이고 뒤의 기가 이어지려는 상태이다. 태자(胎者)란 후기(後氣, 참고 버티어 가는 힘)가 이어져 결집되어 잉태를 이룬 상태이다. 양자(養者)란 사람에 비유하면 어머니의 뱃속에서 길러지는 것과 같다. 그 다음은 다시 장생으로 돌아가니, 장생부터 양자까지 계속 돌고 도는 순환구조를 이루는 것이다. 여기서 장생, 목욕, 관대, 임관, 제왕, 태, 양에 해당하면 길한 것이고 쇠, 병, 사, 묘, 절에 해당하는 것은 흉한 것으로 본다.

즉 사람이 어머니의 뱃속에 잉태되어 태어나서 자라고 성장하여 출세를 하고 쇠약해져 소멸하고 다시 잉태하는 일련의 과정에 비유한 것이 포태법이다. 포태법은 사주명리의 기존 해석 방법인 상생과 상극, 합과 충에서 좀 더 체계적이고 이론적으로 발전된 해설법이라고 할 수 있다.

05

가족, 대인관계, 직업을 알 수 있다

■ **십신의 관계**

서로 힘을 합하고
도와주는 관계 또는
라이벌 관계. 형제
비견, 겁재

나를 생해주는
어머니와 같은 존재
편인, 정인

내가 상대를 생하게
해주는 자식과 같은 관계
식신, 상관

여자에게는
남자를 뜻하고
남녀 모두에게
직장을 뜻한다
편관, 정관

남자에게는 여자를
뜻하고 남녀 모두에게
아버지와 재물을 뜻한다
편재, 정재

비견과 겁재는 자신의 오행인 일주의 천간과 같은 것이라 했다. 따라서 형제나 자매, 친구와 같아서 서로 힘을 합하고 도와주는 존재요, 재물이 생기거나 좋은 것이 생기면 반드시 나누어 갖게 된다. 때문에 오늘날에는 비견이 동업이나 합작회사, 팀을 이뤄 진행하는 프로젝트 등에 적당하다는 해석도 한다. 반대로 겁재는 재물을 앗아가거나 파괴하는 성질이 있으니 동업은 적합하지 않고, 사업을 하더라도 투기성이 큰일에 적합하다고 해석한다.

식신과 상관은 내가 상대를 생하게 해주는 것이니 자식이라고 할 수 있다. 이 중에서 식신은 때에 따라 재물을 불리는 데 도움을 주기도 하고 수명을 연장시키는 위력을 발휘하기도 한다. 그리고 상관은 한자로 보면 '관청(官)을 상(傷)하게 한다, 즉 국가기관에 해를 끼친다'고 해서 옛날에는 좋지 않은 것으로 해석하곤 했다. 하지만 오늘날에는 관청의 개념이나 영향력도 많이 바뀌었고, 개인과 사회에 대한 인식 역시 다각화되었기 때문에 무조건 나쁘다고 해석할 수는 없다.

편재와 정재는 자신의 일주 천간이 극하는 오행이면서 각기 음양이 같거나 다른 것으로, 특히 남자에게는 여자나 재물을 뜻한다. 그 중에서도 정재는 아내를 말하고 편재는 아내가 아닌 여자, 즉 애인을 말한다. 남자나 여자 모두에게 가정에서는 아버지가 되기도 한다. 따라서 편재가 많은 사람은 직장생활보다는 개인 사업이 더 잘 맞고, 새로운 사람과 환경을 많이 접할 수 있는 무역업이 잘 어울린다.

편관과 정관은 자신을 극하는 오행이면서 음양이 같거나 다른 것으로 특히 정관은 여자에게 남편을 뜻한다. 그리고 편관은 남편이 아닌 남자, 즉 애인을 말한다. 남자나 여자 모두 직장을 나타내며 특히 공직을 뜻하기도 한다.

편인과 정인은 자신을 생해주는 것으로, 특히 정인은 곧 어머니라고 할 수 있다. 반면 편인은 이모나 계모라고 할 수 있다. 그런데 예로부터 정인과 편인이 좋은 사람은 대부분 총명하고 다정하며 인생에 굴곡이 적다고 했다. 그리고 옛날로 치자면 관직에 나아가더라도 청렴결백하고 능력이 있어 실권을 장악하게 된다고도 풀이했다.

십신\성별	남자	여자
비견	친구, 형제	친구, 형제
겁재	이복형제	이복형제
식신	아들, 조카, 손자	딸
상관	할머니, 딸	아들
편재	아버지, 여자(애인), 재물(투기성이 큰돈)	아버지, 재물(투기성이 큰돈)
정재	아내, 재물(정직한 노동의 대가)	재물(정직한 노동의 대가)
편관	아들	남자(애인)
정관	딸	남편
편인	할아버지, 계모	이모, 계모
정인	어머니	어머니

06

안 좋은 일을
피해갈 수 있을까?

사주 해석에서 약방의 감초는 신살(神殺)이다. 흔히 사주를 볼 때 '살이 낀다'라고 말하는데, 여기서 신(神)은 주로 길한 작용을 하고 살(殺)은 흉한 작용을 하는 것으로 여러 유형이 존재한다. 일반적으로 가장 많이 사용하는 신살은 삼형살, 도화살, 홍염살, 괴강살, 양인살, 공망살, 역마살, 문창살, 천을귀인, 월덕귀인 등이 있다.

삼형살

형살은 자기 자신을 나타내는 일 천간에 나쁜 영향을 주는 흉악한 기운

을 말한다. 시비가 붙고 송사에 휘말리는 살로 사주, 대운, 해운(60갑자 중 그
해에 해당하는 것)에 다음의 글자가 들어 있는지 살펴보자.

① 인(寅), 사(巳), 신(申) : 남과 자주 다투고 재물이 밖으로 나간다.
② 축(丑), 술(戌), 미(未) : 배신하게 되거나 배신당하는 일이 생긴다.
③ 자(子), 묘(卯) : 성질이 난폭해 남과 잘 다툰다.

첫째, 인(寅), 사(巳), 신(申) 중에서 세 글자나 두 글자가 사주나 대운, 해운
에 들었을 때는 남과 자주 다투고 따라서 재물이 밖으로 나가게 된다. 인생
이 고독하고 송사에 휘말릴 수 있으니 언행을 특히 조심해야 한다.

둘째, 축(丑), 술(戌), 미(未) 세 글자나 두 글자가 사주나 대운, 해운에 들면
배신하게 되거나 배신당하는 일이 생길 수 있다. 때문에 송사에 휘말리게
되고 재산을 잃거나 건강을 해칠 수 있다. 임신부에게 삼형살이 들면 뱃속
의 아이를 잃을 수도 있다.

셋째, 자(子), 묘(卯) 두 글자가 사주나 대운, 해운에 들면 성질이 난폭하고
예의가 없어 남들과 잘 다투게 된다. 사고를 당하거나 질병이 생기고 부모
나 형제, 부부 간의 사이가 나빠질 수 있다.

도화살과 홍염살

    도화살과 홍염살은 여자든 남자든 이성에게 인기가 많은 살이다. 때문에 행실이 바르지 못해 쉽게 바람을 피우거나 스캔들을 일으키고, 결혼한 사람은 이혼하게 되는 수가 있다. 하지만 본인만 잘 다스린다면 연예인처럼 큰 인기를 모을 수도 있고 사회생활에 이점이 되기도 한다.

    예전에는 여자가 도화살이나 홍염살이 있다고 하면 정숙하지 못하니 좋지 않은 시선으로 봤다. 당시의 여자들은 집안에 가만히 앉아 한평생 일부종사하며 살아야 행복한 것이라고 생각했다. 때문에 도화살이나 홍염살이 있는 여자는 남자들이 한 번 보기만 하면 서로 좋아하고 따르게 되니 바람이 나기 쉽고, 순결을 잃거나 기생이 될 가능성이 높다고 생각했던 것이다. 하지만 요즘은 인기가 필요한 직업군에서는 도화살이나 홍염살이 오히려 좋은 작용을 한다. 연예인, 예체능인, 서비스업 등에 종사하는 사람들이 가진 도화살이나 홍염살은 인기살로 해석할 수 있다. 도화살과 홍염살은 자신의 사주에서 일주의 지지와 나머지 지지, 대운, 해운의 지지가 다음의 표와 같이 짝을 이루게 될 때 생긴다. 물론 사주에 들어 있는 경우가 제일 강력하다.

■ 도화살과 홍염살

• 도화살 : 이성에 인기 많음. 복잡한 애정문제에 휘말릴 수 있음. 특히 육체관계.

일주의 지지	신(申), 자(子), 진(辰)	인(寅), 오(午), 술(戌)	사(巳), 유(酉), 축(丑)	해(亥), 묘(卯), 미(未)
사주, 대운, 해운 지지	유(酉)	묘(卯)	오(午)	자(子)

• 홍염살 : 도화살과 같으나 성적 매력이 풍부하여 이성을 잘 유혹하고, 풍류에 능하며 사치와 허영이 심함.

일주의 천간	갑(甲)	을(乙)	병(丙)	정(丁)	무(戊)	기(己)	경(庚)	신(辛)	임(壬)	계(癸)
사주, 대운, 해운 지지	오(午)	신(申)	인(寅)	미(未)	진(辰)	진(辰)	술(戌)	유(酉)	자(子)	신(申)

괴강살

괴강살은 사주에 경진(庚辰), 임진(壬辰), 무술(戊戌), 경술(庚戌), 임술(壬戌)이 있을 경우에 해당되는데, 그 중에서도 일주에 있을 때가 제일 강력하다. 대개 사주에 괴강살이 있으면 강인한 성격과 결단력을 가지고 있으며 용기가 있고 엄격하면서도 총명하다. 그래서 남자의 경우에는 크게 성공하거나 크게 실패할 수 있다. 하지만 여자가 괴강살이 있으면 남편과 생이별하게 되거나 사별하여 고독한 인생을 살 수도 있다.

■ 괴강살

경(庚) 진(辰)	경(庚) 술(戌)	무(戊) 술(戌)	임(壬) 진(辰)	임(壬) 술(戌)

양인살

양인살은 형벌을 담당하는 살로, 성미가 매우 급하거나 살벌하고 폭력적이어서 남자나 여자나 살면서 여러 가지 문제를 일으킬 수 있다. 하지만 군인, 경찰과 같은 직업을 가졌다면 크게 성공할 수도 있다.

■ 양인살

일주의 천간	갑(甲)	을(乙)	병(丙)	정(丁)	무(戊)	기(己)	경(庚)	신(辛)	임(壬)	계(癸)
사주, 대운, 해운 지지	묘(卯)	진(辰)	오(午)	미(未)	오(午)	미(未)	유(酉)	술(戌)	자(子)	축(丑)

공망살

공망살이란 빌 공(空), 없어질 망(亡)으로 운을 감소시킨다는 뜻이다. 주로 사업을 하거나 어떤 일을 시작할 때, 이사를 갈 때, 날짜를 정하고 방위를 정하는 데 사용하는데, 공망살이 꽉꽉 막혀 있는 나쁜 운을 흩뜨려버려 역으로 운세를 좋게 하는 기능이 있다. 반대로 계약이 파기되거나 임신한 것이 잘못되거나 유산이 되는 등의 나쁜 작용도 한다. 공망살은 좋은 운도 없어지게 한다. 공망은 일주의 지지를 중심으로 정해진다. 60갑자를 만들 때 10간과 12지가 하나씩 짝을 이뤄가다 보면 꼭 지지가 2개씩 남게 된다. 짝이 없는 것이다. 바로 그것을 공망이라고 한다. 공망살이란 모든 사람에게 다 있는 것이고, 운세의 흐름에 따라 좋은 것이 되기도 하고 나쁜 것이 되기도 한다.

■ **공망살**

일주										공망
갑(甲) 자(子)	을(乙) 축(丑)	병(丙) 인(寅)	정(丁) 묘(卯)	무(戊) 진(辰)	기(己) 사(巳)	경(庚) 오(午)	신(辛) 미(未)	임(壬) 신(申)	계(癸) 유(酉)	술해 (戌亥)
갑(甲) 술(戌)	을(乙) 해(亥)	병(丙) 자(子)	정(丁) 축(丑)	무(戊) 인(寅)	기(己) 묘(卯)	경(庚) 진(辰)	신(辛) 사(巳)	임(壬) 오(午)	계(癸) 미(未)	신유 (申酉)
갑(甲) 신(申)	을(乙) 유(酉)	병(丙) 술(戌)	정(丁) 해(亥)	무(戊) 자(子)	기(己) 축(丑)	경(庚) 인(寅)	신(辛) 묘(卯)	임(壬) 진(辰)	계(癸) 사(巳)	오미 (午未)
갑(甲) 오(午)	을(乙) 미(未)	병(丙) 신(申)	정(丁) 유(酉)	무(戊) 술(戌)	기(己) 해(亥)	경(庚) 자(子)	신(辛) 축(丑)	임(壬) 인(寅)	계(癸) 묘(卯)	진사 (辰巳)
갑(甲) 진(辰)	을(乙) 사(巳)	병(丙) 오(午)	정(丁) 미(未)	무(戊) 신(申)	기(己) 유(酉)	경(庚) 술(戌)	신(辛) 해(亥)	임(壬) 자(子)	계(癸) 축(丑)	인묘 (寅卯)
갑(甲) 인(寅)	을(乙) 묘(卯)	병(丙) 진(辰)	정(丁) 사(巳)	무(戊) 오(午)	기(己) 미(未)	경(庚) 신(申)	신(辛) 유(酉)	임(壬) 술(戌)	계(癸) 해(亥)	자축 (子丑)

자형살과 원진살

자형살(自刑殺)은 진형진(辰刑辰), 오형오(午刑午), 유형유(酉刑酉), 해형해(亥刑亥), 이 4가지인데 사주나 대운과 유년의 지지에 같은 글자가 서로 다치게 하는 것이다. 즉 스스로 일을 벌려 어려움에 처하게 된다는 뜻이다. 그래서 자형이 되는 사주는 언제나 일을 벌이기 전에 조심해야 하고, 자형이 되는 대운이나 유년에는 일을 벌이는 것을 조심해야 한다.

원진살(元嗔殺)에 해당하는 것은 자미(子未), 축오(丑午), 인유(寅酉), 묘신(卯申), 진해(辰亥), 사술(巳戌)이다. 사주에 이런 글자가 있거나 사주에 하나의 글자가 있고 대운이나 유년에서 또 다른 한 글자가 들어오게 되면 원진살이 된다. 원진은 서로가 미워한다는 뜻으로 남녀 궁합을 보거나 인간관계를 볼 때 좋지 않은 것으로 해석한다.

역마살

역마살은 늘 분주하게 이리저리 떠돌아다니게 됨을 말한다. 옛날에는 집을 떠나 이리저리 방황하는 것은 좋지 않은 것으로 여겼다. 농업사회에서 백성들이 정착하지 못하고 떠돌아다니며 사는 것은 가난하고 불행했기 때문이다. 또 세금을 걷거나 징병을 하기도 곤란했기에 역마살은 더욱 불길한 것으로 봤다. 그러나 지금은 역마살에 대한 해석이 많이 달라졌다. 역마살이 있어야 유학도 가고 이민도 갈 수 있으며 세계시장을 상대로 한 무역업자의 경우에는 번창할 수 있다고 본다.

■ **역마살**

일주의 지지	신(申), 자(子), 진(辰)	인(寅), 오(午), 술(戌)	사(巳), 유(酉), 축(丑)	해(亥), 묘(卯), 미(未)
사주, 대운, 해운 지지	인(寅)	신(申)	해(亥)	사(巳)

문창살

공부를 잘하게 해주는 것이 문창살이다. 사주에 문창살이 낀 사람은 대개 총명하고 지혜로우며 공부를 잘한다.

■ **문창살**

일주의 천간	갑(甲)	을(乙)	병(丙) 무(戊)	정(丁) 기(己)	경(庚)	신(辛)	임(壬)	계(癸)
사주, 대운, 해운 지지	오(午)	사(巳)	신(申)	유(酉)	해(亥)	자(子)	인(寅)	묘(卯)

천을귀인, 천덕귀인, 월덕귀인

천을귀인에 해당하는 사람들은 총명하고 지혜로우며 아무리 어려움을 당해도 곧잘 극복해낸다. 위기를 곧 기회로 삼을 수 있다. 그런데 이 천을귀인은 반드시 원래의 사주에 들어 있을 때만 해당된다. 이 천을귀인과 비슷한 것으로 천덕귀인과 월덕귀인이 있는데, 둘 다 일생 동안 부귀영화를 누리며 걱정 없이 편하게 된다.

■ **천을귀인**

일주의 천간	갑(甲), 무(戊), 경(庚)	을(乙), 기(己)	병(丙), 정(丁)	임(壬), 계(癸)	신(辛)
(반드시) 사주의 지지	축(丑), 미(未)	자(子), 신(申)	해(亥), 유(酉)	사(巳), 묘(卯)	오(午), 인(寅)

■ **천덕귀인**

월주의 지지	인(寅)	묘(卯)	진(辰)	사(巳)	오(午)	미(未)	신(申)	유(酉)	술(戌)	해(亥)	자(子)	축(丑)
일주의 간지	임(壬)	사(巳)	임(壬)	병(丙)	인(寅)	갑(甲)	무(戊)	인(寅)	갑(甲)	을(乙)	사(巳)	을(乙)
사주의 간지	정(丁)	신(申)	정(丁)	신(辛)	해(亥)	기(己)	계(癸)	해(亥)	기(己)	경(庚)	신(申)	경(庚)

■ **월덕귀인**

월주의 지지	인(寅), 오(午), 술(戌)	신(申), 자(子), 진(辰)	해(亥), 묘(卯), 미(未)	사(巳), 유(酉), 축(丑)
일주의 천간	병(丙)	임(壬)	갑(甲)	경(庚)

장성과 화개

사주풀이를 할 때 장성(將星)과 화개(華蓋)라는 것이 있다. 일반적으로 사주에 장성이 있으며 관직이 높게 오르게 되고 사주에 화개가 있으면 총명하고 문장이나 예술로 이름을 날린다.

■ **장성과 화개**

일지	인(寅), 오(午), 술(戌)	신(申), 자(子), 진(辰)	사(巳), 유(酉), 축(丑)	해(亥), 묘(卯), 미(未)
장성	오(午)	자(子)	유(酉)	묘(卯)
화개	술(戌)	진(辰)	축(丑)	미(未)

07

계절별
사주풀이

사주에서 제일 중요한 것은 용신이다. 그리고 용신을 정하는 데 가장 많은 영향력을 행사하는 것이 바로 조후(調候)라는 것이다. 조후와 용신은 사주 이론의 핵심이나 다름없다. 이것만 배우면 사주 공부를 마무리했다고 할 수 있을 정도다.

우리는 봄, 여름, 가을, 겨울 중 어느 한 계절에 태어나니, 이 계절에 속하게 된다. 계절의 변화와 기후의 변화에 따라 따뜻하고 춥고 덥고 메마르고 습하게 되는데, 이는 해당 계절에 태어난 사람도 마찬가지다. 앞서 추운 것은 따뜻하게, 더운 것은 시원하게, 습한 것은 보송보송하게, 마르고 건조한 것은 촉촉하게 해주는 것을 중화라고 했다. 어디에도 치우침 없이 항상 조화롭게 해주는 것, 곧 중화해주는 것을 용신이라 하고 기후에 따른 그 방법론을 조후라 한다. 조후란 곧 계절에 따른 음양의 균형과 조화를 말하는 것이다. 용신은 자신의 오행 기운 가운데 부족한 것은 채워주고 넘치는 것은 덜어주는 오행을 말한다.

봄을 좋아하는 나무 목(木)

나무는 나서 자라는 것이고 곧고 올바른 것을 그 성질로 하며, 계절로는 봄에 해당한다. 따라서 나무는 봄을 제일 좋아한다. 그러나 만일 나무가 아직 어리면 태양(火)으로써 생기를 주어 조후해야 하고, 나무의 기운이 너무 왕성하면 쇠의 칼날(金)로 잘라주어야 한다. 또한 흙(土)이 너무 많으면 나무의 뿌리가 깊어서 견고해지나, 흙이 부족하면 나무의 뿌리가 약해져 줄기와 가지가 약하게 된다. 그리고 물(水)은 나무를 생해주는 것이니, 나무에는 물기가 적당해야 윤택하며 길하게 된다. 그렇다고 물기가 너무 많으면 나무가 썩고 물위에 뜨게 돼버리니 모든 것은 적절히 중화를 이루는 것이 좋다.

① 봄나무(春木)

초봄인 음력 1월의 나무는 날씨가 아직 춥기 때문에 태양인 병화(丙火)를 매우 반기고 정화(丁火)는 달이나 화롯불이기 때문에 그에 미치지 못한다. 또 임수(壬水)는 호수나 큰 강물이니 임수가 너무 많으면 양기가 식어버리고 뿌리와 가지에 병이 생길 수 있다. 하지만 계수(癸水)는 빗물이니 나무를더욱 잘 자라게 해준다. 따라서 봄 나무는 병화(丙火)와 계수(癸水)를 만나는 것이 매우 좋다. 그런데 만일 봄 나무가 병화나 정화가 모두 없는 상태로 태어나면 습하게 되어 뿌리가 상하게 되니 당뇨병이나 심장병이 생겨 가난하게 되거나 불구가 되기 쉽다. 또한 사주에 나무가 적고 흙이 많으면 연약한 나무의 뿌리가 흙에 묻혀버리니 불행하고, 반대로 나무가 많고 흙이 적으면 서로 흙을 차지하려고 다투게 되니 불행하다. 그리고 쇠(金)의 기운이 너무 크면 나무가 다치고 잘리게 되니 일생 동안 고생하게 되고 어려움이나 시련이 많아 험난한 운명이 된다.

② 여름나무(夏木)

여름철에는 건조하고 뜨거우니 나무가 물(水)을 얻어야만 건강하고 잘 자란다. 그리고 흙(土)은 적은 것이 좋다. 만약 흙이 너무 많으면 흙이 물을 가로막아 나무가 물을 얻지 못하게 되니 나무가 다 타버린 꼴이 되어 매우 흉하다. 또한 흙은 나무를 해치고 베어버리는 쇠(金)를 생하게 해주니 결국 재앙이 발생하게 된다. 한편, 물과 나무가 너무 많으면 큰 수풀은 이루지만 과실이 없어 쓸모가 없다. 따라서 여름나무는 물기가 적당히 있으되, 쇠 칼날로 적당히 잘라주어야 부귀영화를 누린다.

③ 가을나무(秋木)

가을철에는 원래 금(金)의 기운이 왕성한 계절이고, 아직 더운(火)기가 가시지 않았으니 적절한 물(水)기로 적셔주어야 길하다. 또한 한가위쯤에는 모든 열매가 실하게 여물게 되니 쇳날(金)로 자르고 깎아주어야 한다. 하지만 한가위가 있는 음력 8월이 지나면 물기가 생겨나기 시작하므로 더 이상 물이 많아지면 곤란하다. 물이 너무 많으면 나무가 물위에 떠다니게 되기 때문이다. 그리고 점점 추워지게 되니 다시 화(火)의 기운이 필요해진다.

④ 겨울나무(冬木)

겨울에는 나무가 얼게 되고 물이 많아지게 되니 흙(土)이 많으면 물(水)를 막아주고, 나무의 기운을 북돋아 길러주어 좋다. 하지만 물이 많으면 나무가 물위를 떠다니게 되어 좋지 않으며, 금(金)이 많아도 금(金)이 물을 생하게 되니 좋지 않다. 그러나 화(火)가 많으면 화(火)가 흙를 생하게 하는 동시에, 흙이 물의 기운을 막아주어 좋다. 따라서 겨울나무는 화(火)와 토(土)의 기운이 좋고 금(金)과 수(水)의 기운은 좋지 않다. 이때 만일 토(土)가 마른 흙(未土, 戌土)이라면 더욱 좋아 재물복과 처복이 있다고 말할 수 있다.

활활 타오르는 불 화(火)

불(火)이란 환하게 타오르는 것이 제 본질이며, 동쪽에서 태어나 남쪽에서 가장 밝고 강하다. 따라서 불은 동남쪽에서는 강한 자신감과 의지를 보이며 과감하고 결단력이 생기게 되지만, 서북쪽에서는 그 세력이 미약해져 근심과 두려움을 알게 되고 예의를 갖추게 된다고 한다.

이러한 불을 낳은 것은 나무이며, 나무는 불이 더욱 활활 타오를 수 있도록 도와준다(木生火). 하지만 불은 물이 없으면 너무 뜨겁고 바짝 마르게 되어 자칫 열매를 얻지 못할 수 있다. 또한 불이 쇳덩이(金)를 만나면 쇠를 녹여 좋은 그릇을 만들 수 있는데, 여기에 적절한 물이 있어 준다면 불로 타버리는 재앙을 면하게 해주고 더욱 강하고 좋은 그릇을 만들 수 있게 도움을 주니 금상첨화다. 하지만 불이 흙(土)을 만나면, 자신의 기운을 흙에게 빼앗기게 된다(火生土). 그러니 이때에는 나무를 얻어 불의 기운을 북돋아주는 것이 좋으며(木生火), 만약 그렇지 못하면 불(火)이 허약해지고 불행해진다.

① 봄 불(春火)

봄은 원래 불을 낳아준 나무의 계절이라 불과 나무의 기운이 모두 왕성하다. 하지만 너무 왕성하면 불이 스스로 불타버릴 위험이 있어 물의 기운이 적절히 필요하며, 그렇게 되면 그 세력이 매우 강건하게 되어 흥하거나 망하거나 전혀 두려움이 없다. 반면에 물이 너무 많으면 불이 꺼져버릴 염려가 있어 좋지 않고, 불의 기운이 매우 활발한 가운데 쇠(金)를 만나게 되면 그 쇠를 녹여 좋은 물건을 만들어낼 수 있어 좋다. 하지만 그렇다고 쇠가 너무 많으면 오히려 불 스스로의 기운을 뺏겨 좋지 않다.

② 여름 불(夏火)

여름은 본래 불의 계절이라 불의 기운이 그 어느 때보다 매우 강력하다. 그래서 불을 더욱 활활 타오르게 하는 나무를 만나면 오히려 좋지 않고 요절하기 쉽다. 스스로 불타버릴 위험이 있기 때문이다. 이때는 흙을 만나 자신의 기운을 나눠주는 것이 좋다(火生土). 하지만 흙도 말라버릴 위험이 있기 때문에 무엇보다도 물의 기운이 필요하다. 그러면 작물을 농사지어 능히 결실을 얻을 수 있으며, 또한 물의 기운이 적절한 가운데 쇠(金)를 만나게 되면 더욱 굳고 단단한 그릇을 만들 수 있다.

③ 가을 불(秋火)

가을 불은 그 성질이 조금 약해져 누그러져 있는 상태라고 볼 수 있다. 그래서 자기와 같은 불을 만나거나 나무를 만나면 다시 한 번 크게 불타오를 여지가 있으니 좋은 일이다. 그러나 물을 만나면 자칫 불이 꺼져버릴 위험이 있으니 불길하다. 또한 불꽃이 미약한 가을 불이 흙을 만나면 그나마 있던 불의 기운을 빼앗겨버리니 좋지 않다. 쇳덩이(金)가 많아도 쇠를 녹여 좋은 그릇을 만들기는커녕 오히려 불의 기운이 손상을 입게 된다.

④ 겨울 불(冬火)

겨울 불은 그 기세가 매우 약해져 있으니 불의 기운을 자꾸 북돋아줘야 한다. 그래서 같은 불이나 불을 생해주는 나무를 만나야 좋다. 그렇지 않고 제철을 만나 기운이 강력해진 물을 만나면 재난과 사고가 잇따르게 되는데, 만약 마르고 단단한 흙(戊土)이 있어 그 물을 막아주면 재난을 피할 수 있게 된다. 또한 쇠(金)를 만나면 좋지 않은데, 그 이유는 겨울이라 불의 기운이 매우 약해 쇠를 녹일 수 없을 뿐만 아니라 쇠가 물을 자꾸 만들어내기 때문이다(金生水).

사계절 왕성한 흙 토(土)

흙은 환절기에 해당하니 그 기운이 왕성해지는 계절이 따로 없고 목(木), 화(火), 금(金), 수(水)에 모두 있다. 그러나 대개 흙을 생해주는 것은 불이기 때문에 흙은 불에 의존하게 되니, 따라서 불이 죽으면 흙 또한 그 세력이 약해진다.

흙은 물과 극을 이루어 물보다 강할 때는 제방을 이루어 물을 가둘 수 있으나, 그렇지 못할 때는 물에 휩쓸려 흙탕물이 돼버리고 만다. 또 사주에 흙이 너무 많으면 나태해질 수 있고 반대로 흙이 흩어져 모이지 않으면 경거망동할 수 있다.

천간 중에서는 무토(戊土)와 기토(己土)가 있고 지지 중에서는 진토(辰土), 술토(戌土), 축토(丑土), 미토(未土)가 있다. 무토는 양(+)인 흙으로 바위산이나 제방을 쌓는 마르고 단단한 흙이고, 기토는 음(-)의 흙으로 논밭과 같이 곡식을 일궈내기에 알맞도록 촉촉하고 습한 흙이다. 또 지지에서의 진토와 술토는 양(+)인 흙이고 축토와 미토는 음(-)인 흙인데 각각의 성질이 모두 다르다. 진토는 초봄인 3월의 흙으로 그 속에 약간의 물기를 머금고 있다. 술토는 초가을인 9월의 흙으로 그 속에는 쇠(金)의 기운이 성하니 풀이나 나무를 말려죽일 위험이 있다. 또한 축토는 초겨울인 12월의 흙으로 물기를 머금고 있으되 아직 얼어 있고, 미토는 초여름인 6월의 흙으로 그 속에 나무가 들어 있으며 불의 기운이 거세 흙의 기운 또한 제일 왕성하다. 그래서 능히 만물을 길러낼 수 있으나 여름의 흙이기에 건조한 편이다. 그러니 진토나 미토는 귀함이 있고 작물을 잘 자랄 수 있도록 하는 좋은 흙이나 축토나 술 토는 귀함이 없고 생물이 잘 자라지 않는다.

따라서 봄의 흙은 대체로 그 기세가 허약한 편이기에 흙을 생해주는 불을 만나야 좋다. 만약 나무의 기운이 왕성하다면 같은 흙의 기운이 와서 도와주는 것이 좋다. 물론, 이런 형국에 쇠(金)를 만난다면, 쇠가 나무를 싹둑 베어주니 더욱 좋게 된다. 반대로 여름의 흙은 바짝 마르고 뜨거우니 적절히 물기를 얻어야 윤택해지고 성공하게 된다. 하지만 이런 형국을 가진 사주에 불이나 나무가 많아지면 아무리 물기가 있다고 해도 얻어지는 것이 없다. 또 가을은 원래가 쇠(金)의 계절이라 흙의 기운이 약하니, 불로 그 기세를 북돋아줘야 한다(火生土). 그렇지 않고 쇠가 너무 많아 버리면 자꾸 흙의 기운을 빼앗아가고 나무 또한 흙을 상하게 하니 좋지 않다. 그리고 흙의 기운이 약한 데다가 물이 자꾸 모여들면 결국 범람하게 되어 좋지 않다. 마지막으로 겨울의 흙은 차가우나 안으로는 따뜻해 물기가 적당하면 좋다. 또한 나무가 많고 불이 있으면, 나무가 불을 번성하게 해주고, 다시 불은 흙이 번성하게 해주니 일주(我)가 건강하여 장수하게 된다.

불을 만나야 왕성해지는 쇠 금(金)

쇠는 만물에 강하지만 홀로 있으면 그리 강하지 못하니 불을 만나게 되면 녹아 사라진다. 하지만 쇠는 반드시 불(火)의 힘을 빌어야만 훌륭한 그릇으로 만들어질 수 있으므로, 만약 사주에 쇠는 많으나 불이 적다면 만사에 되는 일이 없고 결과물을 이뤄내기 쉽지 않다. 그리고 반대의 경우라면 쇠는 모두 녹아 없어져버린다. 따라서 쇠는 불이 능숙하게 다룰 수 있을 만큼, 각각 2개씩이면 적당하고 좋다.

그러나 쇠와 불이 이토록 완전히 조화를 이룬 가운데 흙을 만나면, 토생금(土生金)하여 흙이 쇠를 자꾸 만들어내니 그 균형이 깨지게 된다. 또한 쇠의 기운이 왕성한 흙은 척박하여 가치가 없는 흙이 되고, 흙이 너무 많아져도 쇠가 땅속 깊이 파묻힐 수 있어 좋지 않으니 어리석기 쉽다. 한편 쇠가 물을 만나면 부귀하게 되어 좋으나 쇠가 물을 만들어내기 때문에(金生水) 자칫 쇠가 가라앉을 수 있다. 그리고 쇠는 나무를 상하게 하는 존재이나 나무가 많을 경우에는 오히려 쇠가 다치게 된다.

① 봄의 쇠(春金)

봄은 아직 추울 때인데다 쇠(金)가 좋은 그릇이 되기 위해서 불의 기운이 필요하니, 만약 최소한의 불도 없다면 어리석게 된다. 그리고 기세가 약하다 생각되면 같은 쇠가 와서 도와주어도 좋고 흙이 와서 기운을 북돋아주는 것도 좋다(土生金). 하지만 반대로 물의 기운이 세지면 추운 기운이 거세지고 기가 허해지니, 본래 쇠가 가진 힘과 맛을 마음대로 부리기 어려워진다. 나무는 쇠가 극하는 것이므로 재물이 되지만, 나무의 기운이 너무 강성해지면 오히려 재물에 손해가 생긴다.

② 여름의 쇠(夏金)

여름철은 덥고 쇠가 매우 힘에 부치는 시기다. 따라서 불이 많은 것을 매우 꺼려하고 물이 많아지면 윤택하게 되니 길함이 있다. 하지만 쇠의 기운이 몹시 모자라기에 나무를 만나면 오히려 쇠가 아프거나 다치게 된다. 따라서 이럴 때는 같은 쇠가 와서 도와주어야 좋다. 흙이 너무 많으면 오히려 쇠가 파묻히게 되니 적당한 것이 좋다.

③ 가을의 쇠(秋金)

가을은 바야흐로 쇠의 계절이므로 필히 불이 와서 단련시켜주면 크게 이루어진다. 또 흙이 오면 쇠의 기운이 더욱 거세지지만 오히려 쇠가 탁하고 둔하게 되는 점도 있다. 만일 이때 쇠가 물을 얻으면 정신이 맑고 나무를 만나면 잘 깎아내 그 모양을 빛내준다. 그러나 또다시 쇠를 만나면 쇠의 기운이 지나쳐 오히려 좋지 않다.

④ 겨울의 쇠(冬金)

겨울철의 쇠가 나무를 만나면 나무를 깎아서 재물로 취하게 되니 좋다. 반대로 물은 차가운 것이라 싫어한다. 이는 본디 쇠가 차가운 것이라 차가운 것을 싫어하는 것인데 물이 많으면 자신의 기운을 쉽게 빼앗길 수 있기 때문이다. 따라서 흙이 와서 물을 막아주면 춥지 않게 되고 불을 만나면 쇠와 물 모두에게 좋다. 또 같은 쇠가 와서 도와주어도 좋다

흐르는 것이 본질인 물 수(水)

물이란 흘러가는 것이 그 본질이니 교류하게 되면 귀하고 명예롭게 된다. 하지만 흙과는 잘 맞지 않는다. 흙이 너무 많으면 물이 흐를 수가 없고 흙은 조금인데 물이 많으면 흙탕물이 되어 흐르다 스스로 죽던지 색(色)에 빠질 수가 있어 불길하다. 그러나 물의 기운이 너무 왕성할 때, 무토(戊土)와 같이 바위산처럼 굳고 단단한 흙을 만나게 되면 제방 안에 고여 큰물이 되니 매우 영화롭다. 또 물과 불의 세력이 비슷하면 많은 재물을 얻을 수 있다. 그러나 불이 너무 많으면 물이 마를 수 있어 좋지 않다. 그리고 나무가 번성하면 물의 기운을 다 빼앗으니 좋지 않지만 쇠는 물을 자꾸 생하게 해주니 길하다.

① 봄의 물(春水)

물이 봄에 태어나면 날씨는 따뜻해지고 겨우내 얼었던 얼음이 녹아 기운이 매우 왕성하다. 따라서 쇠의 기운을 만나면 물을 더 얻게 돼 커다란 바닷물이 되니, 제방으로 막아야 하고 그보다 더 거세진다면 범람할 수 있어 위

험하다. 만약 불이 있는데 흙을 보게 된다면, 흙을 많게 해주는 것이니 나쁘지 않다. 그러나 물의 기운은 왕성한데, 흙의 기운이 매우 약해 산산이 흩어지게 되면 흙탕물이 될 수 있어 매우 걱정스럽다.

② 여름의 물(夏水)

여름철은 매우 더운 날씨라 절대적으로 물이 필요한 시기이다. 그래서 쇠가 와서 물을 생하게 해주는 것이 좋고 물이 하나 더 와도 좋다. 불이 너무 왕성하면 건조해지니 싫어하고 나무가 너무 무성해도 물의 기운을 빼앗아 가니 싫어한다. 또 흙의 기운이 너무 거세도 물이 흐를 수 없어 별로 좋지 않다. 따라서 모름지기 여름철의 물은 쇳덩이가 매우 굳고 단단해 파괴되지 않으면 부귀하게 된다.

③ 가을의 물(秋水)

가을은 물을 생하게 해주는 쇠의 계절이니 물 또한 그 기세가 매우 왕성하다. 따라서 물이 무토(戊土)와 같이 굳고 단단하며 겹겹이 쌓인 흙을 만나 제방으로 가두면 쓸모 있게 된다. 이 가운데 불이 많으면 재물이 번창하고 많은 나무를 키울 수 있으니 자손이 영화롭다. 하지만 거듭해서 많은 물을 만나게 되면 범람할 수 있다.

④ 겨울의 물(冬水)

겨울철은 물의 고향으로 그 기세가 매우 강력하다. 그러나 추운 기가 매우 강하니 불을 만나면 따뜻하게 되어 좋고, 쇠는 더욱 많은 물을 만들어내니 좋지 않다. 또 나무는 강한 물의 기운을 빼앗아 가니 좋다. 그리고 흙이 많으면 물이 그 밑으로 스며들어 좋으나 반대로 너무 적으면 물이 범람해 안 좋다. 모름지기 제방의 역할을 하는 무토(戊土)가 제일 좋다. 또한 겨울철의 물은 불이나 나무가 있어야 좋다.

08

자신의 일간으로
보는 성격

일반적으로 띠로 성격을 보기도 하지만 일 천간을 통해서도 자신의 성격을 알 수 있다.

갑(甲)의 성격

고요하고 평온하며 침착하다. 이성적인 판단력이 매우 뛰어나고 사고 또한 매우 깊다. 매사에 지능적으로 대처한다. 비교적 건실하게 생활하고 정직하며 꾸준하게 노력하는 타입으로, 비유하자면 깊은 숲속에 선 커다랗고 우람한 나무라고 할 수 있다. 쾌활한 성격이라 주위 사람들과 잘 어울리며 쉽게 친해진다. 보통 출발의 의미를 가지며, 숫자로는 1에 해당돼 자존심이 매우 강한 편이다. 그러나 기복이 심할 수 있다. 이해타산적이고 계산적이라 자칫 이기적으로 되기 쉽고 지나치게 금전에 집착할 수 있으니 주의해야 한다.

을(乙)의 성격

땅속을 이리저리 비집고 다니는 나무뿌리와 같은 강인함과 인내심이 있다. 그러나 자신의 주장을 완고하게 주장하기보다는 대세에 잘 따른다. 활발하지는 않으나 무슨 일이든 한번 시작하면 집요하게 물고 늘어지며 끝을 볼 때까지 노력하는 편이다. 겉으로 보기에는 매우 온화해 보이지만 매사에 너무 깊이 생각하는 결함이 있다. 화를 잘 내어 병을 얻을 수도 있다. 또한 내성적이며 질투심이 있다. 그러나 일반적으로 순하고 착한 사람에 속하며, 자기가 희생하면서라도 일을 성사시키는 편이라 주위로부터 인정을 받으며 자기의 입지를 굳건히 한다.

병(丙)의 성격

활활 타오르는 불과 같이 혈기왕성하고 쾌활하며, 결단력 있는 매우 활동적인 사람이다. 용모가 뛰어나고 순발력과 재치 또한 뛰어나 일처리가 빠르고 확실하다. 지휘력과 통솔력도 뛰어나서 어느 모임에서든 리더가 되기 쉽다. 그러나 지나치게 급진적이고 경솔함에 빠지기가 쉬우며 인내심이 부족한 편이다. 또한 감정이 예민하고 인내심이 부족해 순간적으로 감정이 폭발할 우려가 있으며, 귀가 얇아 남의 말에 잘 휩쓸린다.

정(丁)의 성격

타고 있는 화산이 쉬고 있는 것과 같아 외견상으로는 굳건하며 냉정해 보이지만 내면으로는 매우 활력적이며 폭발력을 가지고 있는 사람이다. 사물을 헤아리는 능력이 매우 뛰어나고 일처리가 빠르고 확실한데 반해 이상주의자고 실행력이 떨어진다는 단점이 있다. 또한 지나치게 신중하고 깊이 생각하기 때문에 때로는 아주 사소한 일로 번민하며 고생할 수 있다. 언어적인 감각이 뛰어나다.

무(戊)의 성격

태산처럼 크고 굳건한 흙이라 아량이 넓고 상대를 동화시키는 힘이 풍부하다. 왕성한 활동은 없으나 온후한 성질이 있고 굉장히 사려 깊다. 또한 용의주도하고 세밀한 편이며 자존심이 강하고 고집이 세기 때문에 절대 항복하지 않는 기질을 갖는다. 따라서 다른 사람과 쉽게 친해지기도 하지만 쉽게 멀어지기도 한다.

기(己)의 성격

논밭과 같아서 보통 때에는 침착하며 움직이지 않는다. 겉으로는 부드럽고 온화하게 보이지만 안으로는 매우 강직한 성격에 보수적이다. 한편으로는 비밀스러운 면이 있어서 자신의 본심을 쉽게 드러내지 않아 타인에게는 도대체 속을 알 수 없는 사람처럼 느껴지기도 한다. 성실하며 인내와 끈기가 있으나 질투가 많고 게으르다. 다소 복잡한 성격이라 친해지기도 쉽고 멀어지기도 쉬우니, 고립되거나 고독해질 우려가 있다.

경(庚)의 성격

날카롭고 예리하게 잘 단련된 칼날처럼 매우 직선적이고 공격적이며 결단을 잘 내리는 성격이다. 수완이 뛰어나고 꾀가 많은데다 실행력이 뛰어나고 인내와 끈기도 강하다. 하지만 자아가 너무 강해서 편협해지기 쉽다. 야심가라 명예나 위신 세우기를 좋아하고 처세에도 능하다. 또한 지나치게 자랑하고 큰소리치는 단점이 있으니, 대외적이며 활발하기는 하지만 진정한 대장부형은 못된다. 마음이 한결같지 못해 남을 사랑스럽게 여기는 자애심이 부족하다.

신(辛)의 성격

매사에 한결 같이 정직하며 목표를 달성할 때까지 고군분투 노력하는 유형이다. 활동적이며 맺고 끊는 것이 정확해 일처리는 잘한다. 돌다리도 두들겨보고 건널 정도로 확실한 성격이다. 그러나 의심이 많고 태도가 매우 강경하기 때문에 주위사람들과 쉽게 친해지지 않으며, 그렇다고 별달리 노력하지도 않는다. 이 사람은 모가 나있는 금속과 같아 스스로 마음을 다스릴 수 있도록 많이 노력해야 한다. 또한 의심은 많으나 의리나 체면치레는 중요하지 않게 생각해 이기적으로 비춰진다.

임(壬)의 성격

강물이든 개천이든 물은 흐르는 것이 그 본성이라 활동적이고 진보적이며 변화무쌍한 반면, 한 곳에 자리를 잡고 머무르는 것을 싫어한다. 슬기롭고 꾀가 많아 임기응변에 능하며, 대차고 담백한 면이 있어 사교적이다. 그러나 쉽게 화를 내고 쉽게 싫증도 내며 조금은 폭력적이고 제멋대로인 면이 있다. 특히 성욕을 자제할 줄 알아야 한다. 하지만 윗사람을 공경하여 섬길 줄 알고 아랫사람을 두텁게 사랑할 줄 안다.

계(癸)의 성격

빗물이나 우물의 물과 같이 흐르지 않는 물로 매우 침체되어 있으며 의기소침하다. 그러나 사색을 즐기는 만큼 사물을 헤아리는 능력이 매우 뛰어나다. 평소에는 온화하지만 냉정한 면이 있고, 다소 주관적이어서 변덕스럽다. 사교적이기는 하지만 실천력이 뒤따르지 못하는 성격으로 쉽게 성욕에 휘둘릴 수 있으니 조심해야 한다.

09

자신의 띠로
보는 성격

12지를 통해서 부모형제, 남편, 자녀 등 가족의 성격을 알 수 있지만 일반적으로 자기 자신의 성격을 본다.

쥐띠 : 자(子)

가을나무가 추풍낙엽이 되어 봄을 기다리는 형상으로, 승패가 많이 따라붙는다. 성품은 비교적 고상하나 마음이 고르지 못한 것이 흠이다. 인정이 후할 때는 굉장히 후하고 인색할 때는 굉장히 인색하다. 쉽게 결정 내리고 행동했다가 후회하거나 손해를 보는 경우가 많다.

소띠 : 축(丑)

　　소와 같이 느리고 굼뜨며 언제나 바쁘고 한가롭지 못하다. 정직하고 인내력이 있으며, 좀처럼 화를 내지 않으나 한번 화가 나면 해소하는 데 다소 시간이 걸리는 타입이다. 한 번 마음을 정하면 쉽게 변하지 않고 초지일관 밀어붙이는 편이라 실패는 하지 않는다. 하루아침의 횡재를 바라기보다는 평생 부지런히 일하고 힘써야 한다.

범띠 : 인(寅)

　　화창한 날 대청마루에 누워 노는 팔자다. 활발하며 맑고 깨끗한 성품에 남에게 지기 싫어하는 특징이 있다. 하지만 의협심이 강해 남을 도울 때는 물불을 가리지 않는 편이다. 남편복과 자식복, 먹을 복이 있으며 관리로 출세할 복을 타고 났으나 인복은 그다지 좋지 않다.

토끼띠 : 묘(卯)

　　부드럽고 착한 마음을 가지고 있고 어진 성품이지만 자칫하면 여색을 탐하고 도의를 잃을 수 있다. 무슨 일을 하건 처음은 있으나 끝이 없어서 실패할 확률이 높다. 인내심과 명확한 결단력은 조금 부족한 편이다. 지혜는 있으나 방탕해질 수 있는 소지가 있다. 자식복이 있어 자손이 번창하며, 부모님께도 효를 행하려고 애쓰지만 별로 뜻하는 바를 이루지 못한다.

용띠 : 진(辰)

몸이 한가할 때와 괴로울 때의 차이가 심한 편으로, 보통 때에는 조금 거만한 점이 있다. 성질은 완고하고 매사 고군분투하는 편이나 훗날을 생각하지 않고 행동하는 면이 많아 실패하기 쉽다. 또한 고집이 세고 굳센 성질이라 불가능한 것을 가능하게 하려고 억지를 부린다. 인내심이 강한 반면 변화무쌍한 성격이라 예측이 어렵고 평지풍파가 잦다. 대개 의식주 걱정은 별로 하지 않으며 부귀해지고 이름을 날리기도 한다.

뱀띠 : 사(巳)

고상한 성품에 지혜를 갖췄으며 적절히 용맹심도 있다. 대인관계에서도 수완이 뛰어나지만 겉으로 드러나 보이는 것에만 치중해 내면이 허할 수 있다. 또한 꾸준히 노력하기보다는 기회를 틈타 큰 이익을 보려 하기 때문에 자주 실패할 우려가 있다. 특히 여색을 탐하거나 질투심을 자제할 줄 알아야 한다. 하지만 고생 끝에는 반드시 즐거움을 얻게 된다. 종교나 예술방면의 일이 길하다.

말띠 : 오(午)

변화무쌍한 성미에 사치스러우며 비밀을 지키기가 어렵다. 다른 사람과는 쉽게 친해지며 또한 쉽게 멀어진다. 외모에 신경을 많이 쓰는 타입이다. 언어와 행동이 일치하지 않고, 좋을 때와 나쁠 때의 차이가 매우 심하다. 또 언제든지 귀인이 와서 잘 도와주는 편이지만 스스로 결단을 내버리기 쉬운 성격이다.

양띠 : 미(未)

노련한 계획과 큰 뜻이 있어도 헛것으로 돌아가니 근심이나 걱정이 많다. 다른 사람에게도 잘 하려고 애를 쓰지만, 자신의 뜻을 받아주는 경우가 적다. 또 생각이 너무 많아서 그 때문에 실패를 겪는 수가 많다. 하지만 언제나 노력하며 희망을 꿈꾼다.

원숭이띠 : 신(申)

　지혜롭고 강한 성격이다. 하지만 남의 말을 인정하지 않는 편이고 너그럽고 고운 마음씨가 부족하다. 또한 겉으로는 열심히 하는 것처럼 보이지만 사실은 마음이 쉽게 변하고 열성과 결단력이 부족하다. 힘들 때는 어디선가 귀인이 나타나 도움을 주고 인복도 있는데 다름 아닌 자기 자신 때문에 실패할 우려가 있다. 특히, 남자라면 여자와 투기사업을 조심해야 한다.

닭띠 : 유(酉)

　활발한 성격이나 꼼꼼하고 섬세한 구석이 있고 사물을 평가하는 재주가 있으며, 의리나 명예 따위에는 관심이 없다. 하지만 적은 재주를 이용해 헛된 일을 꾸미다가 몸을 그르치는 경우가 간간히 있다. 성욕이 강한 편이다. 남성이라면 여성에 관심이 많아 애인이 끊이지 않는다. 일시에 성하거나 일시에 쇠하게 되니 항상 조심해야 한다.

개띠 : 술(戌)

　정직하고 청렴하며 굽히지 않는 강한 성품과 의리를 지키는 기상이 뛰어나다. 하지만 마음이 너그럽고 부드럽지 못해, 자신의 뜻에 맞지 않으면 절대 돌아보지 않는 면이 있다. 여색을 밝히지만 부지런해서 고생 끝에 반드시 즐거움을 맛보게 된다.

.

돼지띠 : 해(亥)

밝고 시원시원한 성격에 의협심이 강하고 자비심이 많아, 남이 듣기 싫은 소리를 해도 전혀 원망하는 마음이 없다. 하지만 다른 사람이 충고를 했을 때 선뜻 받아들이는 편은 아니다. 자수성가할 타입으로 의식에 부족함이 없고 금옥이 잘 따라 붙는다. 또한 관복이 있어 어린 나이에 공무원이 될수도 있다.

10

용신을
정하는 법

사주풀이에서 가장 중요한 것이
용신을 찾는 것이다. 사주의 여덟 글자는 각각 수, 목, 화, 토, 금의 오행 중
하나를 나타낸다. 그런데 사주에는 오행이 골고루 들어오는 것이 좋지만 대
부분이 그렇게 되지 않는다. 어떤 것은 많고 어떤 것은 하나도 없는 경우가
대부분이다. 그래서 이것들을 중화시켜 잘 조화를 이루게 해줘야 하는데,
그 역할을 하는 것이 바로 용신이다. 용신을 구하고 여기다 대운의 흐름까
지 같이 계산하면 한 사람의 평생 운세가 나온다. 각각의 오행은 신체 부위
나 색깔, 방위 등 여러 가지를 나타내므로 직업과 재물운은 물론 건강운이
나 이사하기 좋은 날도 알 수 있다. 좋아하는 사람과의 궁합이나 자식복이
있는지 없는지도 용신을 통해 알 수 있다.

용신은 자기 자신인 일 천간에 가장 이로운 오행이다. 두 번째로 이로운 것은 희신이라고 한다. 그리고 오히려 일 천간에 해를 입히는 것은 기신이라고 한다.

용신은 사람마다 자신에게 맞는 것이 따로 있다. 저마다 사주팔자가 다르니 자신에게 가장 이로운 오행도 다를 수밖에 없다. 용신을 찾을 때는 먼저 사주팔자에서 일 천간이 오행 중 무엇에 속하는지 알아보고 그 기세가 센지 약한지를 따진다. 그래서 기운이 너무 세면 기운을 빼줄 수 있는 것이 용신이고, 약하다 싶으면 기운을 북돋아줄 수 있어야 한다. 즉 사주에 밸런스를 맞추는 것이다.

기세의 강약을 구별할 때는 강(强), 왕(旺), 쇠(衰), 약(弱)이라는 총 4단계를 기준으로 삼는다. 기세가 너무 센 사주는 강이니 세찬 기운을 빼주어야 한다. 왕성(旺)한 사주는 일 천간과 극을 이루는 오행으로 견제해주어야 한다. 또 기운이 쇠약한 사주는 일 천간의 오행이 생할 수 있게 도와주는 것이어야 하고, 아주 미약한 사주는 아무리 용신이 도와줘도 힘이 약하니 그 사람 사주에서 제일 강한 기운을 따라간다.

그렇다면 사주팔자에서 자신의 기운이 센지 약한지를 어떻게 알 수 있을까? 이를 살펴보려면 먼저 나를 상징하는 일 천간의 오행과 같은 것이 사주에서 몇 개나 되는지, 또 일 천간의 오행을 생해주는 것이 몇 개인지 따져봐야 한다.

사주의 8개 글자 중에서 일 천간과 같은 오행이

6개 이상이면 강한 것

4~5개는 왕성한 것

2~4개는 쇠약한 것

1~2개는 아주 미약한 것

중요한 것은 자신이 태어난 월주의 지지를 2개로 친다는 것이다. 그러니까 사주는 총 여덟 글자이지만 힘은 9개로 계산한다. 월지는 자신이 태어난 곳이며 어머니 자리이기에 가장 강한 힘을 일 천간에 줄 수 있기 때문이다.

일간의 세력이 강한 사주에서 용신 정하기

여기 갑인(甲寅)년 정묘(丁卯)월 을묘(乙卯)일 기묘(己卯)시에 태어난 사람이 있다고 하자. 일 천간이 을(乙)이니 이 사람은 목(木)의 기운을 가지고 태어났다. 그런데 사주 여덟 글자에서 목의 기운을 가진 것은 총 6개이고 9개의 기운 가운데 목의 기운은 7개다. 그래서 '강'한 사주다. 강한 기운을 빼앗아 주어야 한다고 했으니 이 사주에서는 목의 기운을 빼앗을 수 있는 화가 필요하다(木生火). 월주의 천간에 정화(丁火)가 있어 일간의 기운을 빼앗게 되니 이 사주에서 용신은 바로 정화(丁火)가 되는 것이다.

	시(時)	일(日)	월(月)	연(年)
천간	己(-토, 편재)	乙(-목, 나)	丁(-화, 식신)	甲(+목, 겁재)
지지	卯(-목, 비견)	卯(-목, 비견)	卯(-목, 비견)	寅(+목, 겁재)

이 사주를 풀이해보면 이렇다. 이 사람은 봄날 이른 아침에 꽃나무로 태어났다. 봄 동산에는 꽃이 만발하고 그 향내가 멀리까지 진동할 만큼 강력하다. 그래서 이 경우에는 꽃향기가 은은해질 수 있도록 그 기운을 조금 빼주는 것이 좋다. 그런데 다행히 옆에 정화(丁火)가 있어 꽃나무가 너무 무성해지지 않고 따사로움 속에 그 꽃의 아름다운 자태를 뽐내게 도와주며, 그 향기 또한 멀리 날아갈 수 있게 해주니 좋다. 그리고 광합성을 활발하게 해 열매나 씨앗을 맺는데 중요한 역할을 해준다. 그러니까 정화가 바로 이 사주에서 제일 필요한 용신이 된다. 그런데 만약 이 사주에서 목의 기운을 뺏어가는 오행이 없다면 자기와 똑같은 오행을 용신으로 정하면 된다. 즉 비견, 겁재인 목을 용신으로 사용하면 되는 것이다.

일간의 세력이 왕성한 사주에서 용신 정하기

다음은 기세가 왕성한 사주에서 용신 구하는 방법이다. 만약 정사(丁巳)년 을사(乙巳)월 병자(丙子)일 임진(壬辰)시에 태어난 사람이 있다면 그의 사주는 아래와 같다.

	시(時)	일(日)	월(月)	연(年)
천간	壬(+수, 편관)	丙(+화, 나)	乙(-목, 정인)	丁(-화, 겁재)
지지	辰(+토, 식신)	子(-수, 정관)	巳(+화, 비견)	巳(+화, 비견)

일주의 천간이 병화(丙火)이므로 자신의 세력은 불이다. 사주에 불의 기운을 가진 것은 사화(巳火) 2개, 정화(丁火) 1개, 월주 천간의 목(木)도 자기 세력으로 보아 모두 5개다.

여기서 월주 천간의 목을 자기 세력으로 본다는 것은 음양에 상관없이 자기와 똑같은 오행이거나 자기를 생해주는 오행을 말하는데, 여기서는 목이 화를 생해주니 자기 세력으로 본 것이다. 그러니까 비견, 겁재, 정인이 모두 자기 세력이 되는 것이다. 그래서 이 사주는 일간의 기운이 왕성한 사주다. 왕성한 것의 용신은 극해주는 것으로 견제해주어야 한다. 화를 극해주는 것은 수(水)가 되니 임수(壬水)가 용신이 된다. 이때 만약 사주에 수(水)가 없으면 차선책으로 희신을 용신으로 하든지 대운에서 찾아야 한다. 그래도 없으면 용신이 없는 경우가 되는데, 일반적으로 용신이 없는 경우는 많지 않다. 위 경우 병화(丙火)를 극하는 수(水)가 없었다면, 차선책으로 병화가 극하는 것, 즉 금(金)을 용신으로 정하면 된다. 다시 말해 나를 극하는 상대인 '관(편관, 정관)'이 없을 때는 내가 극하는 상대인 '재(편재, 정재)'를 용신으로 한다.

사주를 풀이해보면, 이 사람은 여름날 아침에 태양으로 태어났다. 그리고 옆에는 자기와 같은 불들이 많이 있다. 그런데 여름의 태양은 무척이나 강렬하고 뜨거우니 시원하게 비라도 내려 뜨거운 열기를 식혀주는 것이 좋다. 이 사주는 임수(壬水)와 자수(子水)가 용신이 된다. 참고로 천간과 지지에 용신의 오행이 동시에 있을 경우에는 천간에 있는 오행을 용신으로 정한다. 천간에 없고 지지에만 용신 오행이 있을 경우에만 지지의 오행을 용신으로 정한다.

일간의 세력이 쇠약한 사주에서 용신 정하기

이번에는 경신(庚申)년, 기묘(己卯)월, 무인(戊寅)일, 병진(丙辰)시에 태어난 사람의 용신을 구하는 방법이다.

	시(時)	일(日)	월(月)	연(年)
천간	丙(+화, 편인)	戊(+토, 나)	己(-토, 겁재)	庚(+금, 식신)
지지	辰(+토, 비견)	寅(+목, 편관)	卯(-목, 정관)	申(+금, 식신)

이 사람은 일간이 무토(戊土)이고 월 천간의 기토(己土), 시 천간의 병화(丙火), 시 지지의 진토(辰土)까지 모든 일간의 세력이 4개다. 하지만 월주의 지

지에 자기 세력이 들어 있지 않으니 9개의 기운 중 역시 4개가 자기 세력이다. 만약 월주의 지지에 자기 세력이 있다면 똑같이 토의 기운이 4개라 해도 왕성한 것이 되고, 월주 지지에 자기세력이 없으면 4개가 되어도 쇠한 것으로 친다. 따라서 이 경우에는 월지에 내 세력인 토(土)와 화(火)가 없으니 토가 4개여도 쇠한 것이다. 그래서 무토 일간인 나를 도와주는 것, 즉 비견과 겁재, 정인과 편인이 용신이 되므로 화(火)나 토(土)가 용신이다. 그 중에서도 나랑 똑같은 형제보다 나를 생하게 해주는 어머니로서 화(火)가 용신이라고 할 수 있다.

사주를 풀이해보면, 이 사람은 봄날 아침에 동산으로 태어났다. 그런데 땅의 면적은 좀 좁은 편이다. 땅이 3개(무토, 기토, 진토) 밖에 되지 않는다. 땅을 생하게 해주는 병화(丙火)가 있기는 하지만 작은 편이다. 더욱이 땅의 면적이 작은 것에 비해 땅의 기운을 빼앗는 금(金)이 2개나 되고 땅과 상극을 이루는 나무도 2개나 있다. 그러니까 불이 와서 목의 기운을 빼앗아 땅이 더욱 생할 수 있도록 해주면서 금을 극해주던지, 같은 흙이 더 많이 와서 세력을 보강해주어야 한다.

일간의 세력이 약한 사주에서 용신 정하기

이번에는 임자(壬子)년, 계묘(癸卯)월, 경자(庚子)일, 임오(壬午)시에 태어난 사람의 용신을 구해보자.

	시(時)	일(日)	월(月)	연(年)
천간	壬(+수, 식신)	庚(+금, 나)	癸(−수, 상관)	壬(+수, 식신)
지지	午(−화, 정관)	子(−수, 상관)	卯(−목, 정재)	子(−수, 상관)

이 사람은 경금(庚金) 일간으로 자기 세력이 총 1개뿐이다. 월주의 지지에 자기세력이 없으니 아주 미약한 사주이다. 그래서 제일 강한 세력에 편승해서 대세를 따르면 된다. 수(水)의 세력이 5개나 될 뿐 아니라 1개의 금(金)이 자꾸 수(水)를 생해주고 있다. 그래서 용신은 수(水)다.

사주를 풀이해보면, 이 사람은 봄날의 늦은 점심에 쇠(金)의 기운을 가지고 태어났다. 그런데 봄은 오행으로 보면 목(木)의 계절이니 이 사람은 태생 자체가 매우 불리한 편이다. 거기다 사주의 구성을 보면 자신의 세력은 일 천간의 자신 경금(庚金) 말고는 하나도 없다. 금(金)을 생하게 해주는 토(土)도 없다. 그러니 쇳덩이인 자신이 나무를 베려고 해도 힘이 약하다. 나무를 베기는커녕 오히려 도끼날이 빠지게 된다. 또 물의 힘이 5개나 될 뿐만 아니라 자신의 1개 금(金)마저 자꾸 물이 생겨나니 자신을 버리고 강한 세력을 따라가야 한다. 그러니까 용신은 수(水)가 된다.

모두 같은 오행으로 이루어진 사주에서 용신 정하기

모두 한 가지 오행으로 사주가 구성되는 것은 무척 특이한 경우다. 만약 이런 경우라면 다음의 법칙을 따르면 된다.

> 첫째, 여덟 글자가 모두 목(木)으로 이루어져 있을 경우에는 '곡직격'이라 하고 목과 수가 용신이 된다.
> 둘째, 모두 화(火)로 이루어져 있을 경우는 '염상격'이라 하고 화와 목이 용신이 된다.
> 셋째, 모두 토(土)로 이루어져 있을 경우에는 '가색격'이라 하고 토와 수가 용신이 된다.
> 넷째, 모두 금(金)으로 이루어져 있을 경우에는 '종혁격'이라 하고 금과 토가 용신이 된다.
> 다섯째, 모두 수(水)로 이루어져 있을 경우에는 '윤하격'이라 하고 금과 수가 용신이 된다.

이렇듯 모두 토(土)로 이루어져 있을 경우 용신이 토와 수인 것만 빼면 나머지는 모두 자기 자신과 자기를 생해주는 오행이 용신임을 알 수 있다.

모든 오행을 갖춘 사주에서 용신 정하기

제일 좋은 사주는 오행이 골고루 섞여 있는 것이다. 오행이 순서대로 고루 배치되어 중화를 이루면 따로 용신이 필요하지 않는다. 임인(壬寅)년 갑진(甲辰)월 정해(丁亥)일 기유(己酉)시에 태어난 사람의 경우 오행이 고루 분포돼 있어 길한 사주라고 할 수 있다.

	시(時)	일(日)	월(月)	연(年)
천간	己(-토, 식신)	丁(-화, 나)	甲(+목, 정인)	壬(+수, 정관)
지지	酉(-금, 편재)	亥(+수, 정관)	辰(+토, 상관)	寅(+목, 정인)

사주를 풀이해보면, 이 사람은 봄날 저녁에 달님으로 태어났다. 커다란 산꼭대기 큰 나무 위로 달이 살짝 얼굴을 드러내며 떠오르는 모습이다. 산 아래로 달빛을 비추며 기암의 계곡으로 물이 유유히 흘러가고 있다. 달은 저녁부터 다음날 새벽까지 밝게 빛나기 마련이니, 이 사람은 달님으로서 아주 적당한 때에 잘 태어났다고 할 수 있다. 유시(酉時)는 저녁 5시 30분~7시 30분을 뜻하는데 이때부터 달이 떠오르기 때문이다. 거기에 적당히 알맞게 물도 있고 나무도 있고 산과 금도 있으니 어느 것 하나 부족할 것 없는 한 폭의 아름다운 동양화를 연상하게 한다.

천원일기격, 지지일기격의 사주에서 용신 정하기

사주에서 천간끼리 다 똑같거나 지지끼리 다 똑같은 경우가 있다. 이때는 강, 왕, 쇠, 약에 따른 일반적인 방법으로 용신을 구해주면 된다.

	시(時)	일(日)	월(月)	연(年)
천간	乙(-목, 비견)	乙(-목, 나)	乙(-목, 비견))	乙(-목, 비견)
지지	酉(-금, 편관)	亥(+수, 정인)	酉(-금, 편관)	丑(-토, 편재)

이 사주는 일 천간이 을목(乙木)인데 모든 천간이 똑같은 목의 기운으로 이루어져 있다. 자기 세력은 일주의 지지에 들어 있는 수(水)까지 총 5개로 왕성한 사주다. 그러니 일간을 극해주는 것이 용신이 된다. 하지만 일지의 수(水)가 없었다면 을목이 총 4개로 쇠약한 사주다. 월지에 목의 세력이 들지 않았으니 천간의 을목 4개가 있는 것은 4개라기보다는 4개가 합친 1개로 볼 수도 있다. 그래서 이 사주는 왕성한 사주임에도, 일지의 수가 중요한 역할을 하기 때문에 제1의 용신으로 수(水)를 삼고, 목(木)인 자신을 극해주는 금(金)은 제2 용신인 희신으로 삼아야 한다.

사주를 풀이해보면, 이 사람은 가을 저녁 시냇가 옆에 피어 있는 꽃으로 태어났다. 을목이 4개나 되니 꽃이 만발했다고 할 수 있겠고, 꽃이 만발했으니 그 향내가 멀리까지 퍼져나가고 있다고 풀이할 수 있다. 꽃이 많아 자칫 말라버릴 수도 있었는데, 다행히 해수인 물이 있어서 꽃이 아름답게 필 수 있었다. 또한 꽃이 너무 만발한 것을 가위나 칼 같은 금속이 와서 솎아내주니 그 광경이 한층 아름답게 구성되어 있다.

이렇게 아름다운 사주여도 옛날 사람들은 천간이 모두 같거나 지지가 모두 같은 사주는 기가 센 팔자로 좋지 않게 봤다. 특히 여자의 경우는 더욱 그렇게 해석하곤 했다.

간지동체격의 사주에서 용신 정하기

다음은 천간은 천간끼리 오행이 모두 같고 지지는 지지끼리 오행이 모두 같은 사주의 용신을 정하는 방법을 알아보자. 이런 경우는 천간과 지지가 똑같은 형상이라는 뜻으로 '간지동체'격이라 하는데, 그 인생이 한마디로 모 아니면 도다. 하나로 통일된 천간의 오행과 하나로 통일된 지지의 오행이 서로 상생 관계에 있으면 엄청난 부귀영화를 누리게 되고, 상극 관계에 있으면 세상에 둘도 없이 불행하게 되는 것이다.

	시(時)	일(日)	월(月)	연(年)
천간	戊(+토, 비견)	戊(+토, 나)	戊(+토, 비견)	戊(+토, 비견)
지지	午(−화, 정인)	午(−화, 정인)	午(−화 정인)	午(−화, 정인)

이 경우 천간은 전부 토(土)이고, 지지는 전부 화(火)로 되었으니 간지동체격이다. 그런데 다행히 화와 토가 상생 관계에 있다. 이 사람은 부귀영화를 누릴 팔자로 용신은 화와 토이다.

사주를 풀이해보면, 이 사람은 여름날 대낮에 백두산이나 한라산과 같이 큰 산으로 태어났다. 이 사주의 경우 화와 토로 나뉘는데, 화생토(火生土)하여 결국 엄청난 토의 기운을 형성하게 된다. 그러니 백두산이나 한라산과 같이 엄청나게 큰 산이 된 것이다. 이럴 경우에는 평생 동안 의식주 걱정 없이 살고 명예가 생기며 행복하게 산다고 풀이할 수 있다.

하지만 만약 수-화, 화-금, 금-목, 목-토, 토-수와 같이 상극 관계로 이루어진다면 집안이 망하거나 비천하다. 이같이 극하는 관계에서는 둘 사이를 중재할 수 있는 오행이 용신이 된다. 만약 천간과 지지가 각각 수-화로 되어 있다면 목이 수로 인해 생하고 다시 화를 생해주니 목이 용신이 되는 것이다. 또 천간과 지지가 각각 금-목의 경우는 수(水)가 금의 생을 받아 목을 생해주니 수가 용신이 된다.

천간과 지지 사이를 2개의 오행이 왔다갔다 할 때

사주팔자가 2개의 오행으로 되어 있지만 다음과 같이 상생 관계이면서 천간과 지지 사이를 왔다갔다 하는 경우가 있다.

	시(時)	일(日)	월(月)	연(年)
천간	丁(-화, 상관)	甲(+목, 나)	丁(-화, 상관)	甲(+목, 비견)
지지	卯(-목, 겁재)	午(-화, 상관)	卯(-목, 겁재)	午(-화, 상관)

일간이 갑목(甲木)이고, 일간의 기운이 월령을 포함해서 모두 4개라 왕성하다. 월령은 2개의 힘을 갖고 있기에 기의 세기는 5가 되기 때문에 왕성한 것이다. 그렇다면 극해주는 것이 용신이 되어야 하는데 이 사주에서는 극해주는 것이 없고 목의 기운을 빼주는 화만 있다. 그래서 용신은 화(火)다.

이 사람은 봄날 이른 아침에 나무가 많은 숲의 커다랗고 우람한 나무로 태어났다. 나무의 기운이 굉장히 왕성하다. 이 경우에는 나무가 충분히 자리를 잡을 수 있도록 나무가 극하는 토(土)가 있거나 금(金)이 와서 극하여 솎아내주면 좋겠지만, 금이 없으니 화를 용신으로 취해 그 기운을 빼앗아야 한다. 여기서 화는 나무가 충분히 빛을 쬐어 꽃을 피우고 열매를 맺게 하는 데 일조하고 있다.

이렇게 사주의 구성이 2개의 오행으로 되어 있고 상생 관계인 경우가 있는데, 목-화, 화-토, 토-금, 금-수, 수-목일 때의 용신은 비견, 겁재, 식신, 상관이다. 다시 말해 목-화의 경우는 목, 화가 용신이고, 화-토의 경우는 화, 토가 용신이며, 토-금의 경우는 토, 금이 용신이고, 금-수의 경우는 금, 수가 용신이다. 또 수-목의 경우는 수, 목이 용신이다.

일간이 합이 된 사주에서 용신 정하기

일간이 월이나 시에 있는 다른 일간과 합하여, 오행의 성질이 바뀌어 버리는 경우에는 어떻게 용신을 구하는지 알아보자. 다음의 표를 보면 일주의 천간인 갑(甲)과 시주의 천간인 기(己)는 천간의 합에 의해 토(土)로 변하게 된다. 이럴 때는 자신의 원래 일간을 버리고 바뀐 오행으로 용신을 찾아야 한다. 그러니까 일간을 목(木)이 아니라 토(土)로 봐야 하는 것이다. 그렇게 되면 자기의 세력이 모두 7개가 되어 강해지니 그 세력을 빼앗는 것이 용신이 된다. 따라서 토가 생해주는 금(金)이 용신이다. 하지만 이 사주에는 금(金)이 없으니 자신과 똑같은 오행(비견, 겁재)을 용신으로 삼아야 한다. 그러니 토(土)와 금(金)이 용신이 된다.

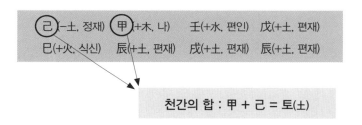

사주풀이를 해보면, 이 사람은 가을 늦은 아침에 산의 계곡 끝에 서 있는 한그루의 나무로 태어났다. 밑으로는 실개천이 흐르고 있다. 하지만 이 경우 나무는 자신을 버리고 산의 경치에 동화되어야만 한다. 그렇지 않고 홀로 자태를 뽐내려 한다면 조화가 깨질 수 있다. 더구나 나무는 흙에 뿌리를 내리고 사는 것이 자연의 이치이니 흙의 기운에 묻어가야 한다.

11

용신으로 직업과 적성 알아내기

비견이 용신일 경우

> **자신의 일주 천간과 같은 오행이면서 음양이 같은 것 → 비견**
> 추천 직업 : 합작회사, 동업, 수사기관, 스포츠, 프리랜서, 의사, 변호사, 기자, 대리점,
> 　　　　　종교, 창작

　　자존심과 독립적인 성향이 매우 강하며 당차다. 자신감도 상당히 강해서 혼자서 하는 일을 즐겨 한다. 하지만 묘하게도 크게는 조직에 속해 있지만, 자신의 업무 영역이 확고하고 전문적이라 개인의 역량과 기질을 마음껏 펼칠 수 있는 직업에 종사하는 사람이 많다. 독립적이고 자신감이 넘치며 주

관이 뚜렷하면서도, 자신과 같은 부류와 뭉쳐 있을 때 더욱 큰 힘을 발휘하는 비견의 속성 때문이다. 그래서 합작회사나 동업을 하는 것이 좋다. 혹은 권력기관이나 스포츠 분야처럼 단체 속에서 개인의 역량을 발휘하는 직업이 좋다.

● 여자 / 1974년 11월 23일 20시, 양력

시	일	월	연
壬	戊	乙	甲
戌	辰	亥	寅

丁 戊 己 庚 辛 壬 癸 甲　대운 5
卯 辰 巳 午 未 申 酉 戌

[사주풀이] 무토(戊土) 일간인 이 사람은 겨울밤에 동산의 모습으로 태어났다. 산 위에는 나무도 있고, 산 아래와 옆으로는 물이 흐른다. 하지만 겨울 산에 불빛이 하나도 없어 너무 춥다. 달님인 정화(丁火)나 태양인 병화(丙火)가 있었다면 추위를 녹여주어 좋았겠지만, 그렇지 못하니 무토 일간과 같은 오행으로 비견인 시지의 술토(戌土)를 용신으로 삼는다. 일간의 세력이 3개밖에 되지 않아 쇠약한 사주이기 때문이다. 또한 토를 극하는 목이 많다. 토가 극하는 물도 월령에 있어 비교적 많은 편이다. 따라서 비견인 토를 용신으로 해야 한다. 그래야 토가 많은 물을 막아 주고, 목으로부터 극을 당하는 것을 받아낼 수 있기 때문이다. 원래 비견은 창작이나 동업을 뜻하는데, 이 사람은 의상 디자이너로 활동하고 있으니 창작을 하는 일에

종사하고 있다. 대운의 흐름은 신미(辛未)부터 지지가 화토 대운이 되고 있
으니 이때가 전성기라 할 수 있다. 하지만 천간은 화토가 아니고 지지만
화토이니 크게 발복하기는 어려운 사주이다.

● 남자 / 1966년 2월 11일 01시, 음력

시	일	월	연
丙	庚	庚	丙
子	申	寅	午

戊 丁 丙 乙 甲 癸 壬 辛　대운 1
戌 酉 申 未 午 巳 辰 卯

[사주풀이] 경금(庚金) 일간으로 봄 깜깜한 새벽에 태어난 강철과 같다. 자동
차나 기차 등으로 운송과 가까운 사주다. 자기 세력이 모두 3개로 쇠한 편
이니 용신으로 비견, 겁재, 정인, 편인이 좋다. 그런데 정인과 편인인 토가
없고 비견인 경금(庚金)과 신금(申金)이 있으니 경금을 용신으로 삼는다. 천
간과 지지에 같은 오행이 있을 경우 천간의 오행으로 용신을 정한다. 비견
인 금이 와서 병화(丙花)로부터 직접 극을 당하는 것을 대신 받아주고 지지
의 신(申)은 인(寅)과 충이 되고 역마가 되니 많이 돌아다닐 수 있는 사주다.
거기에 멀지만 자(子)와 오(午)가 또 충을 하고 있으니 집을 자주 떠나 생활
할 수 있겠다. 이 사람은 프리랜서 여행가로 살아가고 있다. 대운의 흐름
은 을미(乙未)부터 지지가 토금으로 진행되고 있으니 이때부터가 이 사람
의 인생에 가장 좋은 시기라 할 수 있다. 그러나 지지는 토금으로 진행이

되나 천간은 목화로 진행이 되어 크게 발복할 수는 없는 사주다.

겁재가 용신일 경우

자신의 일주 천간과 같은 오행이면서 음양이 다른 것 → 겁재
추천 직업 : 투기사업, 광물업, 혼자 하는 상업, 자유업, 혼자 하는 스포츠, 유흥업,
　　　　　건물관리, 경비

겁재(劫財)는 말 그대로 재물(財)을 빼앗기(劫)를 잘하는, 재물에 부지런한 성질을 가졌다. 성취욕과 자존심이 강하며 독립적이어서 혼자 행동하기를 좋아한다. 그래서 안정된 직업보다는 모험이나 투기와 관련된 직업의 종사자가 많다. 겁재를 용신으로 하는 사람은 한 번 운이 트이면 매우 크게 일어나지만 한 번 망하면 완전히 망하기도 한다. 또 겁재가 용신일 경우 동업은 하지 않는 것이 좋다. 자칫 재물을 두고 다툼이 일어날 수 있기 때문이다.

● **남자 / 1966년 5월 15일 01시, 음력**

시	일	월	연
壬	癸	甲	丙
子	亥	午	午

壬　辛　庚　己　戊　丁　丙　乙　　대운 1
寅　丑　子　亥　戌　酉　申　未

[**사주풀이**] 계수(癸水) 일간인 이 사람은 여름날 깜깜한 한밤중이자 새벽에 내리는 소나기 사주이다. 그런데 사주에 불이 너무 많고 나무도 여름나무라 크고 무성하다. 따라서 물이 비교적 많이 있지만 계속 고갈되고 있는 상황이다. 이럴 경우는 정인, 편인인 금을 용신으로 사용하는 것이 좋다. 금이 목을 극해주고 수를 생해주면 딱 좋다. 그러나 금이 없다. 그래서 비견이나 겁재인 수를 용신으로 사용해야 한다. 그런데 자수(子水)는 조금 멀기는 하지만 2개의 오(午)와 충을 하고 있어 용신으로 사용하기에 적합하지 않다. 용신은 충이나 합이 되지 않아야 제대로 사용할 수 있다. 따라서 겁재인 임수(壬水)나 해수(亥水)를 용신으로 사용하는 것이 적합하다. 실제 이 사람은 컴퓨터 수리점을 운영하고 있다. 따라서 혼자서 하는 상업 또는 자유업과 맞아 떨어진다. 대운은 41세 이후 기해대운부터 금수대운으로 진행되고 있다. 따라서 45세 이후부터가 전성기라 할 수 있다.

주의점은 사주의 천간에 갑목(甲木)이 2개이고 기토(己土)가 1개일 경우에는 대개 천간의 합이 잘 일어나지 않는다. 1 대 1의 관계가 아닌 삼각관계이기 때문이다. 즉, 짝이 맞지 않을 경우에는 오히려 합이 잘 일어나지 않는다는 말이다. 한편, 합과 충이 동시에 들었을 때에는 대개 합하는 것에 우선순위가 있다. 또 같은 오행이 천간과 지지에서 처한 상황이 똑같을 경우에는 천간에 있는 오행을 용신으로 사용한다.

● 남자 / 1970년 08월 12일 16시, 음력

시	일	월	연
甲	乙	乙	庚
申	未	酉	戌

癸 壬 辛 庚 己 戊 丁 丙　대운 9
巳 辰 卯 寅 丑 子 亥 戌

[사주풀이] 을목(乙木) 일간인 이 사람은 가을 오후의 꽃으로 태어났다. 자기의 세력이 을과 갑을 합쳐 모두 3개뿐이니, 그 세력이 쇠약한 편이다. 따라서 비견, 겁재, 정인, 편인이 용신이며 가을에 태어났고 일간이 가을 꽃이기에 무엇보다 정인, 편인에 해당하는 물(水)이 절대적으로 필요하다. 하지만 사주에 물이 들지 않으므로 차선책으로 비견과 겁재인 목(木)을 용신으로 삼는다. 그러나 그 중에서도 시 천간의 갑목(甲木)을 용신으로 삼아야 한다. 월 천간의 을목(乙木)은 연 천간의 경금(庚金)과 합을 하기에(10간의 합에서 을+경=경금) 용신으로 사용하기에 적합하지 못하다. 실제 이 사람은 증권회사 직원이었다. 겁재가 용신일 경우 투기와 관련된 직업을 갖게 된다는 점에서 일치한다. 대운의 흐름은 정해(丁亥)부터 지지가 수와 목의 대운으로 흘러가고 있다. 하지만 천간은 토금으로 진행되고 있어 대운이 5년 주기로 파도를 치고 있는 것과 같다. 그래서 길흉화복의 대운의 주기를 잘 파악해 그에 맞춰 살아가는 것이 유리하다.

식신이 용신일 경우

식신은 말 그대로 먹을 것(食)을 관장하는데, 식신이 용신일 경우 대개 자기가 속한 집단에서 두각을 나타내고 그 집단의 리더가 된다. 또한 일반적으로 안정적인 생활을 영위하기 좋은 직업을 선호한다.

● 여자 / 1966년 8월 8일 12시 30분, 음력

시	일	월	연
庚	甲	丁	丙
午	申	酉	午

己 庚 辛 壬 癸 甲 乙 丙　대운 5
丑 寅 卯 辰 巳 午 未 申

[사주풀이] 갑목(甲木) 일간으로, 가을 한낮 커다란 바위산에 홀로 외롭게 서 있는 큰 나무로 태어났다. 그런데 나무 주변에 유난히도 바위와 철광석이 많으며, 천만다행으로 연주와 월주의 천간에 화가 있어, 금이 일간인 갑목(甲木)을 해치려고 하는 것을 먼저 막아준다. 따라서 화(火)를 용신으로 취

하는데 그 중에서도 연주의 천간인 식신 병화를 용신으로 한다. 이유는 정화로 경금을 막아주는 힘보다는 병화로 막아 주는 것이 더 강해서 좋기 때문이다. 대운을 보면 지지에서는 화토로 흘러 비교적 좋으나 천간에서 수와 목 대운은 그다지 좋지 않다. 전반적으로 보면 대운의 흐름은 보통 정도이다. 실제 이 사람은 국립 교육기관에서 연구원으로 재직 중이다.

● **남자 / 1972년 2월 11일 02시, 음력**

시	일	월	연
丁	乙	癸	壬
丑	卯	卯	子

辛 庚 己 戊 丁 丙 乙 甲　　대운 4
亥 戌 酉 申 未 午 巳 辰

[사주풀이] 이 사람은 을목(乙木) 일간으로 봄 깜깜한 새벽에 꽃으로 태어난 사주이다. 계수(癸水)와 임수(壬水), 자수(子水), 그리고 2개의 묘목(卯木)이 모두 일간 목의 세력으로 총 6개나 된다. 그래서 약한 꽃이지만 꽃이 온 동산에 만발한 형상으로 강하다. 외유내강인 사주다. 따라서 설기해주는 정화를 용신으로 정해야 한다. 정화는 육신으로 보면 식신에 해당되고 식신은 직업으로 볼 때 공직이나 일반 회사원, 또는 어떤 집단에서든 지도자급에 해당된다. 실제로 일반 대기업 회사원이었다. 대운의 흐름은 을사(乙巳) 대운부터 병오(丙午), 정미(丁未) 화의 대운이 전성기를 이루고 있다.

상관이 용신일 경우

> 자신의 일주 천간이 생하는 오행이면서 음양이 다른 것 → 상관
>
> 추천 직업 : 회계사, 변호사, 특허변리사, 과학자, 발명가, 중개업, 연예인, 방송인, 예술, 체육, 정치, 사회단체, 유흥업

상관은 관(官)을 상하고 다치게(傷) 한다 하여 옛날에는 좋지 않게 보았다. 하지만 오늘날에는 관청, 즉 정부의 개념이 매우 달라졌고 직업도 세분화되고 전문화되었기에 오히려 상관에 해당하는 직종을 선호하는 편이다. 따라서 옛날과는 해석도 달라야 한다.

● 남자 / 1973년 9월 21일 23시 50분, 양력

시	일	월	연
戊	庚	辛	癸
子	申	酉	丑

癸 甲 乙 丙 丁 戊 己 庚　대운 4
丑 寅 卯 辰 巳 午 未 申

[사주풀이] 경금(庚金) 일간으로 태어난 이 사람은 강철 또는 원석에 해당한다. 태어난 달도 유금(酉金)월이다. 연 천간의 계수(癸水)와 일지의 자수(子水)를 빼고 모두 6개가 토, 금이니 그 세력이 매우 강하다. 따라서 설기해주는 수(水)가 용신이다. 수는 식신이나 상관이 된다. 여기서는 천간의 계수

가 용신인데 상관이다. 이렇듯 같은 조건의 용신이 되는 오행이 천간과 지지에 있을 경우 천간의 것을 우선 용신으로 정한다. 실제 직업은 컴퓨터연구 및 개발 관련된 일을 하고 있었다. 대운은 오행에서 수의 용신 대운이 들어오지 않아 발복하기 어려울 수 있다.

● **여자 / 1969년 07월 10일 02시, 양력**

시	일	월	연
己	丙	辛	己
丑	戌	未	酉

己	戊	丁	丙	乙	甲	癸	壬	대운 10
卯	寅	丑	子	亥	戌	酉	申	

[사주풀이] 병화(丙火) 일간으로 여름 깜깜한 새벽에 태어났다. 태어난 달이 토의 달이며 8자 중에서 토가 5개나 된다. 병화는 정인, 편인, 비견, 겁재가 없이 오로지 자신 혼자이다. 따라서 병화는 토의 세력에 따라가는 것이 좋다. 그런데 지지의 토는 축술미(丑戌未) 삼형이 된다. 삼형을 용신으로 쓰기보다는 천간의 기를 용신으로 사용하는 것이 적합하다. 기토(己土)는 상관이다. 실제 직업은 이벤트 기획사에서 도우미 일을 하고 있었다. 참고로 일간의 병화(丙火)와 월 천간의 신금(辛金)은 합이 되어 수로 변하지는 않는다. 왜냐하면 병화는 합하려 하지만 신금은 토와 금의 세력이 많고 합하여 변화되는 수가 없기에 병과 합하여 수로 가려 하지 않는다. 이렇게 합의 구조가 되어 있어도 자신의 세력이 많고 합을 하여 변화되는 오행이 없을

경우는 연애만하고 결혼은 안 하는 경우와 같다고 보면 된다.

정재가 용신일 경우

정재는 바른 재물을 말한다. 따라서 정재가 용신일 경우 생활은 안정되지만, 큰돈은 벌 수 없다고 본다. 정재는 편법을 부리지 않고 정직하고 성실하게 일한 대가로 돈을 벌며, 돈을 불리기 위해 투기나 모험을 하지도 않고, 부당한 재물을 탐내지도 않는 것을 말한다. 따라서 정재를 용신으로 하는 사람은 큰돈은 벌지 못하더라도 안정적으로 생활할 수 있는 직업이 좋다.

● **남자 / 1946년 4월 15일 16시, 음력**

시	일	월	연
壬	己	癸	丙
申	丑	巳	戌

壬 辛 庚 己 戊 丁 丙 乙 甲　　대운 7
寅 丑 子 亥 戌 酉 申 未 午

[사주풀이] 기토(己土) 일간인 이 사람은 뜨거운 여름 오후에 넓은 논과 밭으

로 태어났으며 그 세력은 월지에 사화(巳火)가 들어오고 정인과 비견이 모두 숫자가 4개이며 기운의 세기는 5개로 왕성한 편이다. 따라서 일간인 기토를 극하는 목을 용신으로 사용할 수 있다. 하지만 사주에 목이 없다. 그리고 여름철이라 무엇보다 물(水)의 기운이 시급하므로 목보다는 시주의 천간에 있는 임수(壬水)를 용신으로 하는 것이 더 좋다. 시주의 천간에 있는 임수가 월주 천간의 계수(癸水)보다 용신으로서 더 좋은 이유는 이렇다. 월주의 천간인 계수는 월주의 지지 사화(巳火) 위에 있고 주변에 화와 토로 둘러싸여 있어 그 힘이 너무 약하다. 하지만 시주 천간의 임수는 지지에 신금(申金)이 생을 해주고 있어 힘이 튼튼하니 정재인 임수를 용신으로 사용하는 것이 적합하다는 것이다. 대운의 흐름은 병신(丙申) 대운부터 금과 수의 대운으로 진행되고 있다. 하지만 천간은 화토의 대운으로 흐르고 있어 5년 주기로 대운이 좋다 나쁘기를 반복하다가 기해(己亥) 대운부터 경자(庚子), 신축(辛丑) 대운까지 20년 동안 좋다. 이 사주의 주인공은 은행원으로 30년 동안 근무하고 정년퇴직을 했다. 따라서 정재가 용신일 경우 금융업에 종사하는 것과 맞아 떨어진다.

● **여자 / 1975년 3월 19일 10시, 양력**

시	일	월	연
己	甲	己	乙
巳	子	卯	卯

丁　丙　乙　甲　癸　壬　辛　庚　　대운 6
亥　戌　酉　申　未　午　巳　辰

[사주풀이] 갑목(甲木) 일간으로 봄에 태어났다. 자기 세력은 월지의 묘목(卯木)과 일지의 자수(子水)까지 포함해 모두 5개이므로 왕성하니, 극해주는 것을 용신으로 삼아야 한다. 하지만 극해주는 편관이나 정관인 금이 없고 정재인 기토(己土)와 식신인 사화(巳火)만 있다. 십신의 관계에서 보면 관을 생하는 것은 재이므로 차선책으로 정재인 기토를 용신으로 삼는다. 더구나 이 사주에서는 2개의 기토가 있어 원래 갑목과 기토는 합이 되지만 2개의 기토와 1개의 갑목은 합이 되지 않는다. 그리고 사화(巳火)가 목생화, 화생토를 해주고 있어 희신 역할을 충분히 하고 있다. 재가 용신인 경우는 일반적으로 기업체에 근무하여 회사원이 되는데 이 사주의 주인공은 회사에 다니다가 결혼한 뒤에도 직장생활을 계속했다. 대운은 지지가 화토금으로 흐르고 있어 좋지만 천간은 수목으로 진행되고 있어 좋지 않다. 대운이 5년 주기로 좋은 것과 나쁜 것이 반복되고 있다.

편재가 용신일 경우

자신의 일주 천간이 극하는 오행이면서 음양이 같은 것 → 편재
추천 직업 : 무역업, 유통업, 금융업, 광고나 증권, 홍보대행업, 소개 혹은 중개업,
　　　　　 부동산, 투자사업, 유통업, 여행, 개인사업

　편재는 재물에 대한 인연이 정재와 정반대이다. 즉, 편재를 용신으로 하

는 사람은 돈을 모으고 불리는데 아이디어가 넘치며 돈이 잘 따라붙기도 하고 잘 나가기도 한다. 따라서 직장생활보다는 자기 사업을 하는 경우가 많으며, 직장을 다녀도 자금의 흐름과 관련된 일을 하는 것이 좋다.

● **여자 / 1965년 7월 7일 23시 50분, 음력**

시	일	월	연
丙	己	癸	乙
子	丑	未	巳

辛 庚 己 戊 丁 丙 乙 甲　　대운 2
卯 寅 丑 子 亥 戌 酉 申

[사주풀이] 기토(己土) 일간인 이 사람은 뜨거운 여름의 한밤중에 논과 밭으로 태어났다. 자기 세력은 월지의 미토(未土)와 연지(年支)의 사화(巳火)와 일지의 축토(丑土), 시 천간의 병화(丙火)를 모두 합하여 5개이며 월지가 포함되어 있어 왕성하다. 따라서 기토 일간을 극해주는 목이나 기토가 극하는 수를 용신으로 삼아야 한다. 그런데 여름철은 뜨겁기 때문에 목보다는 더위를 식혀주는 수가 용신으로 사용하기에 더 좋다. 그래서 천간의 계수(癸水)와 지지의 자수(子水)인 편재를 용신으로 사용하는 것이 가장 좋다. 이 사주의 주인공은 외국계 무역회사에 근무했다. 대운은 지지가 처음의 갑신(甲申)부터 금수 대운으로 흘러 진행된다. 결혼 뒤에도 계속해서 무역회사에 근무했다고 한다. 편재가 용신일 경우 무역에 관련된 일을 하는 것과 사주가 맞아 떨어진다.

● 남자 / 1969년 8월 2일 14시, 음력

시	일	월	연
乙	辛	癸	己
未	卯	酉	酉

乙 丙 丁 戊 己 庚 辛 壬   대운 2
丑 寅 卯 辰 巳 午 未 申

[사주풀이] 신금(辛金) 일간인 이 사람은 가을 대낮의 금은 보석으로 태어난 사주다. 자신의 세력은 월주의 지지 유금(酉金)과 연주의 지지 유금, 연 천간의 기토(己土)와 시지의 미토(未土)를 포함해 모두 5개로 왕성한 일간이다. 따라서 극을 해주는 것이 용신이다. 그런데 금을 극하는 화가 없다. 대신에 금이 극을 하는 목이 있다. 을목(乙木)과 묘목(卯木)은 편재이다. 월 천간의 계수(癸水)가 금을 설기하여 목을 생하고 있다. 그래서 목을 용신으로 정하면 된다. 대운은 경오(庚午) 대운부터 지지가 화와 목 대운으로 진행이 되고 있다. 하지만 정묘(丁卯) 대운 전까지는 천간의 흐름이 기토와 무토(戊土)로 좋지 않다. 그래서 경오(庚午), 기사(己巳) 대운은 5년 주기로 좋음과 나쁨이 반복하다 정묘(丁卯), 병인(丙寅), 을축(乙丑) 대운까지 25년간이 이 사람의 전성기라 할 수 있다. 이 사주의 주인공은 개인 유통사업을 하고 있다. 편재가 용신일 경우 개인 유통사업을 하는 것과 맞아 떨어진다.

정관이 용신일 경우

관(官)은 공직을 말하고 특히 정관은 요즘으로 치면 일반 행정직이다. 옛
날로 치면 문신에 속한다.

● **여자 / 1968년 1월 4일 13시, 양력**

시	일	월	연
戊	癸	壬	丁
午	酉	子	未

庚 己 戊 丁 丙 乙 甲 癸　대운 1
申 未 午 巳 辰 卯 寅 丑

[사주풀이] 계수(癸水) 일간으로 겨울 점심에 하늘에서 내리는 빗물 내지는
눈이다. 자기 세력은 월지의 자수(子水)와 월 천간의 임수(壬水) 그리고 일지
의 유금(酉金)까지 모두 4개이다. 그러나 월지가 포함되어 있어 기운의 세
기는 5개가 되니 왕성하다. 따라서 일간을 극하는 것인 토를 용신으로 삼
는다. 그리고 겨울철이니 화(火)도 희신으로 좋은 작용을 해준다. 그래서인
지 이 사주 주인공의 직업은 문화와 관련된 공무원이다. 정관을 용신으로

하여 공무원으로 있으면서 오행으로 보면 화(火)가 제2의 용신(희신)이 되어 문화와 관련이 있는 것이다. 화는 오행에서 보면 예술이나 방송, 연극 같은 분야를 뜻한다. 대운의 흐름을 보면 초년부터 비교적 희신인 화를 생해주는 갑인(甲寅) 을묘(乙卯)로 무난하다. 정사(丁巳) 대운부터는 전성기라 할 수 있겠다.

● 남자 / 1967년 9월 3일 23시, 양력

시	일	월	연
丁	庚	戊	丁
亥	午	申	未

庚　辛　壬　癸　甲　乙　丙　丁　　대운 9
子　丑　寅　卯　辰　巳　午　未

[사주풀이] 경금(庚金) 일간으로, 이 사람은 가을에 강철로 태어났다. 자기 세력은 월지의 신금(申金)과 월 천간의 무토(戊土), 연 지지의 미토(未土), 그리고 일간까지 모두 4개이다. 그런데 월지가 포함되어 있으니 일간의 기운이 5개로 왕성하다. 왕성한 것은 극하는 것을 용신으로 사용하니 금을 극하는 화가 용신이 된다. 이 사주에서는 정화(丁火)와 오화(午火)가 용신이 될 수 있는데 모두 정관이다. 실제 이 사람은 행정직 고위 공무원이다. 행정고시를 볼 당시의 대운이 병오(丙午) 대운으로 용신 대운에 해당하여 행정고시를 합격할 수 있었다. 그 후로 을사(乙巳), 갑진(甲辰)에서는 사주에 없는 내가 극하는 희신인 목이 대운에서 들어와 용신 인화를 생해주기에 좋

은 대운이 계속 이어지고 있다.

편관이 용신일 경우

> **자신의 일주 천간을 극하는 오행이면서 음양이 같은 것 → 편관**
> 추천 직업 : 공무원 중에서도 군인, 경찰, 검사, 정치가, 경호, 군무원, 기술직 공무원,
>   종교, 건축업, 청부업 등

관(官)은 국가의 녹을 먹는 관리를 말한다. 옛날로 치자면 그 중에서도 무신이고 권력과 깊은 관계가 있는 것을 의미한다. 그런데 무예가 뛰어난 자가 잘못 풀리면 싸움꾼이 될 수도 있다.

● **여자 / 1978년 9월 26일 22시, 양력**

시	일	월	연
己	辛	辛	戊
亥	卯	酉	午

癸 甲 乙 丙 丁 戊 己 庚　　대운 6
丑 寅 卯 辰 巳 午 未 申

[사주풀이] 신금(辛金) 일간인 이 사람은 가을에 금, 은의 귀금속 또는 칼의 사주로 태어났다. 자기 세력은 월주의 지지 유금을 포함하여 월 천간의 신

금, 연 천간의 무토, 시 천간의 기토와 더불어 모두 5개이니 왕성하다. 따라서 극해주는 화가 용신이 되니 연주의 지지에 있는 오화(午火)가 용신이 된다. 오화는 편관이다. 대운이 기미(己未) 대운에서 지지의 미(未)가 사주의 지지 해묘(亥卯)와 합을 하여 해묘미(亥卯未) 목국의 지지 3합이 된다. 따라서 내가 극하는 희신인 목이 용신인 화를 생해주니 경찰 공무원이 된다. 대운도 정사(丁巳), 병진(丙辰), 을묘(乙卯), 갑인(甲寅)으로 좋게 진행되고 있다.

● 남자 / 1948년 12월 4일 20시, 음력

시	일	월	연
庚	壬	甲	戊
戌	辰	子	子

壬	辛	庚	己	戊	丁	丙	乙	대운 1
申	未	午	巳	辰	卯	寅	丑	

[사주풀이] 임수(壬水) 일간으로 월주의 지지를 포함해 자기 세력이 총 4개이다. 월지가 포함되었으니 자신의 기운은 5개 되어 왕성한 기세고 따라서 극해주는 토를 용신으로 삼아야 한다. 이 사주에는 편관인 무토와 술토, 진토가 있다. 그런데 같은 오행이며 같은 조건이면서 천간과 지지에 함께 있을 경우에는 천간의 것을 먼저 용신으로 사용한다. 연 천간에 무토(戊土)가 있어 겨울철에 매우 왕성한 강물을 막아 제방을 쌓고 있다. 또한 겨울이라 화(火)가 있으면 좋은데, 대운에서 병인(丙寅), 정묘(丁卯), 무진(戊辰), 기사(己巳)의 화토로 흐르고 있다. 이 사주의 주인공은 수사기관에서 일을 하

였으며, 특히 경호와 관련된 일을 하였다.

정인이 용신일 경우

정인은 가족관계로 보면 어머니에 해당하지만 사회적으로 보면 공부하고 남을 가르치는 역할에 해당한다. 따라서 정인을 용신으로 하는 경우에는 교육이나 글, 문자와 관련된 직업이 많다.

● **여자 / 1971년 6월 26일 18시, 양력**

시	일	월	연
己	壬	甲	辛
酉	午	午	亥

壬 辛 庚 己 戊 丁 丙 乙　대운 4
寅 丑 子 亥 戌 酉 申 未

[사주풀이] 임수(壬水) 일간으로 이 사람은 여름 저녁에 강물로 태어난 사주이다. 자신의 세력은 월지는 빠져 있고 연지의 해수(亥水)와 연 천간의 신금(辛金), 시지의 유금(酉金)으로 자신까지 모두 4개이다. 그래서 자신의 기운

은 월지가 빠져 4개이기에 상대 세력보다 조금 약하다. 여름의 강물이 말라 들어가고 있기에 금이 생해주거나 수(水)가 도와줘야 한다. 신금, 유금은 정인이다. 해수는 비견이다. 그런데 해수보다는 천간의 신금이 금생수를 해주기에 좀더 좋다. 정인은 어머니이고 해수는 비견으로 형제다. 형제보다는 어머니의 사랑이 더 강한 것이 당연하다. 그래서 이 사주는 정인인 신금을 용신으로 사용해야 한다.

이 사주의 주인공은 교육학을 전공했고 기자로 일을 하면서 교육대학원까지 나왔고 유학까지 갔다 왔다. 그리고 교육직에 종사하고 있다. 정인은 직업으로 교육, 기자이다. 따라서 십신의 용신 직업과 잘 맞는다. 대운은 병신(丙申) 대운부터 지지가 금과 수로 진행이 되다가 중간에 무술(戊戌) 대운에서 좋지 않다. 그 이후 다시 기해 대운부터 좋아진다. 물론 병술(丙戌), 정해(丁亥) 대운 때 천간의 병(丙)은 사주 천간의 신(辛)과 합이 되어 수가 되니 괜찮다. 하지만 정해 대운 때 대운의 천간 정(丁)은 일간의 임수와 합이 되는 부분이 있다. 임수와 정화는 합이 되면 목이 된다. 목은 이 사주에서 좋지 않은 것이다. 그리고 일간이나 용신은 합이 되면 일반적으로 좋지 않다. 이때는 직업이나 개인적인 일, 가정사에 변화가 생겨서 문제가 발생할 수 있다.

● 여자 / 1963년 11월 5일 20시, 음력

시	일	월	연
庚	丁	甲	癸
戌	酉	子	卯

壬 辛 庚 己 戊 丁 丙 乙　대운 6
申 未 午 巳 辰 卯 寅 丑

[사주풀이] 정화(丁火) 일간으로 겨울에 태어났으며 자기 세력에 월주의 지지가 들지 않으면서 연지의 묘목(卯木)과 월 천간의 갑목(甲木), 그리고 자신인 정화(丁火)까지 모두 3개라 쇠약한 편이다. 따라서 정인, 편인, 비견, 겁재가 용신인데, 이 사주에는 일간을 극하는 수(水)도 많다. 따라서 수의 기운을 설기하여 일간 정화를 생해주는 목을 용신으로 사용해야 한다. 그런데 연지의 묘목은 월지의 자수(子水)와 삼형살을 이루고 유금(酉金)으로부터 극을 당하고 있다. 그래서 천간의 갑목(甲木)을 용신으로 사용하는 것이 좋다. 갑목은 정인이다. 물론 시 천간의 경금(庚金)이 극하는 부분도 있지만, 그 사이에 일간 정화가 있고 또 갑목 옆에 계수(癸水)가 있어 경금이 극하기는 쉽지 않다.

이 사주의 주인공은 교육자이다. 정인이 용신일 경우 교육자 직업을 갖게 되는 사주의 이론과 맞아 떨어진다. 대운이 초년인 병인(丙寅), 정묘(丁卯)가 용신 대운인데 이때 학교 선생님이 된다.

편인이 용신일 경우

편인이나 정인이 용신이 되면 기술적인 방면에서 뛰어나게 된다. 그 중 정인은 일반적인 전문직이나 편인은 특수 전문직에 해당하여 대체로 대중에게 서비스를 하고 인기를 받는 직업군에 해당한다.

● **여자 / 1952년 7월 26일 13시, 음력**

시	일	월	연
庚	甲	己	壬
午	子	酉	辰

辛 壬 癸 甲 乙 丙 丁 戊　대운 2
丑 寅 卯 辰 巳 午 未 申

[사주풀이] 갑목(甲木) 일간으로 가을에 태어났으며 자기 세력이 연 천간의 임수(壬水)와 일지의 자수(子水), 그리고 일간 갑목(甲木)까지 총 3개다. 그러나 월주의 지지는 포함되지 않았다. 따라서 쇠약한 사주이므로 비견, 겁재, 정인, 편인을 용신으로 삼는다. 그래서 수(水)를 용신으로 사용하면 된다. 그런데 지지의 자수는 오(午)와 충이 되고 있어 용신으로 사용하기에 적합하지 않다. 용신은 충을 하면 안 좋기 때문이다. 또 같은 조건의 오행

으로 용신이 천간과 지지에 있을 경우에는 천간에 있는 것을 먼저 용신으로 한다. 그래서 천간의 편인 임수를 용신으로 사용하는 것이 더 좋다.

이 사주의 주인공은 종교인이며 꼿꼿이 예술가로도 활동하고 있다. 편인이 용신일 때 종교인, 예술가라는 직업과 맞아 떨어진다. 대운은 을사(乙巳), 갑진(甲辰) 대운부터 천간의 5년이 좋아지고 5년은 좋지 않지만 그 이후부터는 전성기라 할 수 있다.

● **여자 / 1974년 3월 10일 02시, 음력**

시	일	월	연
癸	癸	丁	甲
丑	酉	卯	寅

己 庚 辛 壬 癸 甲 乙 丙   대운 9
未 申 酉 戌 亥 子 丑 寅

[사주풀이] 계수(癸水) 일간으로 자기 세력은 일지의 유금(酉金)과 시 천간의 계수, 그리고 일간의 계수 모두 3개뿐이라 쇠약한 사주이다. 정인, 편인, 비견, 겁재가 도와줘야 한다. 이 사람은 봄의 새벽에 하늘에서 내리는 봄비로 태어난 사주이다. 월지가 묘목(卯木)으로 목이 많다.

　　그래서 일간 계수가 설기를 많이 당하고 있기에 금을 용신으로 사용해야 한다. 금은 수를 생하면서 목을 극하니 용신으로는 안성맞춤이다. 일지의 유금은 편인이다.

이 사주 주인공의 직업은 요식업으로 식당을 운영하고 있다. 사주에서 편

인이 용신일 경우 직업과 맞아 떨어진다. 대운은 갑자(甲子) 대운의 자(子)
대운부터 수와 금 대운으로 흐르고 있어 30대 중반 이후부터 전성기를 맞
는다. 초년의 병인(丙寅), 을축(乙丑) 대운은 좋지 않다. 따라서 자수성가한
사람으로 볼 수 있다.

일간이 쇠자일 경우 용신은 정인, 편인, 비견, 겁재를 쓸 수 있는데 정인과
편인을 먼저 사용하고 사주에 정인, 편인이 없고 비견, 겁재가 있을 경우
비견, 겁재를 용신으로 사용한다. 이 사주는 천간에 비견, 계수와 지지에
유금 편인이 동시에 있는데 편인이 비견보다 더 좋은 용신이 된다.

12

리더가 되는
사주가 있을까?

사주에서 일간의 기세가 원래는 왕하거나 강했는데, 지지삼합이 이루어져 그 기세가 쇠약해져 일간을 생해주는 정인, 편인 비견, 겁재를 용신으로 취해야 하는 경우가 있다. 반대로 일간의 세력이 쇠약한데 지지에 삼합이 들어 일간의 세력으로 바뀌면 쇠약했던 일간이 왕성한 세력이 될 수도 있다. 그런데 이처럼 삼합이 들어 있는 사주의 사람은 대개 자기 사업을 하거나 리더가 되는 경우가 많다. 또 인(寅)-신(申)-사(巳)-해(亥)나 진(辰)-술(戌)-축(丑)-미(未), 자(子)-오(午)-묘(卯)-유(酉)의 지지를 모두 갖고 태어난 사주는 제왕 아니면 반역자가 될 수 있다.

● 조선조 왕 세조의 사주 1417년 2월 15일 술시, 음력

시	일	월	연
甲	甲	乙	戊
戌	午	卯	寅

癸　壬　辛　庚　己　戊　丁　丙　　대운 9
亥　戌　酉　申　未　午　巳　辰

[사주풀이] 갑목(甲木) 일간으로 태어났다. 월지가 묘목(卯木)이니 일간과 같은 목의 세력이다. 또한 월 천간의 을목(乙木)과 시지의 갑목(甲木), 연지의 인목(寅木)까지 합하니 그 세력이 대단히 왕성하다. 그런데 연지의 인(寅)은 일지의 오(午), 시지의 술(戌)과 3합이 되어 인오술(寅午戌) 화국이 되었다. 그래도 갑목의 세력은 여전히 왕성하다. 오히려 연지 인목이 화국으로 변해 화가 많아진 것은 이 사주에서 좋은 변화라 할 수 있다. 지지삼합의 사주인 경우 자신이 속해 있는 조직에서 리더가 될 가능성이 높다. 그래서 제왕이 될 사주의 조건을 일단 갖췄다. 지지삼합의 화가 목의 기운을 설기하여 무토(戊土)를 생하고 있다. 그래서 일간이 극하는 편재 무토를 용신으로 사용하면 된다. 물론 화가 목의 기운을 설기하여 토를 생해주는 화는 희신이다. 무토는 연 천간에 있다. 용신이 연 천간에 있을 경우 역시 자신의 조직에서 지도자가 될 가능성이 높다. 그리고 대운을 보면 처음 병진(丙辰) 대운부터 기미(己未) 대운까지 화토의 대운으로 흘러가고 있어 운이 좋다. 기미 대운이 시작되는 시점에서 왕위에 오르게 된다. 사주나 대운을 보면 전형적인 제왕의 사주라 할 수 있다(사주 자료 : 이영례, 《이것이 역학통변술

이다》, 동양서적, 2001년 참고).

● **박정희 전 대통령의 사주 1917년 9월 30일 인시, 음력**

시	일	월	연
戊	庚	辛	丁
寅	申	亥	巳

癸 甲 乙 丙 丁 戊 己 庚 대운 2
卯 辰 巳 午 未 申 酉 戌

[사주풀이] 경금(庚金) 일간이다. 경금은 강철이나 원석이다. 해수(亥水)월인 겨울에 태어났다. 먼저 화의 조후가 시급하다. 그리고 태어난 시간은 이른 새벽이다. 자기 자신인 경금과 월 천간의 신금(辛金), 일지의 신금(申金), 시 천간의 무토(戊土)까지 합쳐 자기 세력은 4개다. 그러나 월령은 빠져 있다. 따라서 일간의 세력이 쇠하다. 쇠한 것을 도와주는 것이 용신이다. 그러므로 정인, 편인, 비견, 겁재가 용신이다. 그리고 금속은 용광로인 불에 들어가 녹아야만 물건이 된다. 오행으로 보아도 화가 필요하다. 화는 십신에서 정관, 편관의 관이다. 관은 국가의 녹을 먹는 직업이다. 대운이 토금으로 가다가 정미(丁未) 대운부터 화가 합세를 한다. 이때 대통령이 된다. 그러다가 갑진(甲辰)의 목이 들어오는 대운에서 작고하게 된다. 그런데 이 사주를 자세히 살펴보면 지지가 인(寅)-신(申)-사(巳)-해(亥)로 지지 4충이 들어오고 있다. 인(寅)-신(申)-사(巳)-해(亥)의 지지 4충이 사주에 형성되면 대박 아니면 쪽박이다. 그런데 대운의 흐름이 참 좋다. 그래서 대통령이 될 수 있었다.

13

부자 되는 사주가 있을까?

- **전 대한항공 회장 조중훈 1920년 2월 11일 미시, 음력**

시	일	월	연
丁	丁	己	庚
未	亥	卯	申

丁 丙 乙 甲 癸 壬 辛 庚 대운 2
亥 戌 酉 申 未 午 巳 辰

[사주풀이] 정화(丁火) 일간으로 태어났다. 그런데 월지가 묘목(卯木)에 다시 시지와 일지, 월지가 해묘미(亥卯未) 목국으로 형성되어 있다. 그래서 일간의 세력이 왕성하다. 일간의 세력이 왕성할 때는 극하는 것을 용신으로 사용한다. 일단 정화를 극하는 수(水)가 없다. 하지만 정화가 극하는 금이 있

다. 따라서 금이 용신이다. 더구나 경금(庚金)과 신금(申金)은 기토(己土)로부터 생을 받고 있어 그 세력이 튼튼하다. 경금과 신금은 정재에 해당한다. 정재는 재물이며 재물이 용신이다. 또 경금과 신금은 강철덩어리다. 강철 덩어리 비행기가 돈이 되고 있으니 너무나 절묘하게 맞아 떨어진다. 더구나 연 천간에 용신이 있는 경우는 리더가 되는 경우가 많은데 연 천간과 지지에 용신 정재가 튼튼하게 형성되어 있고 지지가 해묘미 삼합으로 되어 있으니 재벌 사주의 전형이다. 또한 목국으로 국을 형성하고 있으니 자신의 분야와 조직에서 리더가 될 수 있다. 계미(癸未) 대운부터 좋은 대운이 형성되고 있다. 사주도 재벌 사주인데 대운까지 좋으니 재벌이 될 수 있는 것이다(사주 자료 : 이영례,《이것이 역학통변술이다》, 동양서적, 2001년 참고).

● **전 현대그룹 회장 정주영 1915년 10월 19일 축시, 음력**

시	일	월	연
丁	庚	丁	乙
丑	申	亥	卯

己 庚 辛 壬 癸 甲 乙 丙　대운 6
卯 辰 巳 午 未 申 酉 戌

[사주풀이] 경금(庚金) 일간이다. 경금은 철광석이나 원석이다. 금 일간이 해수(亥水)월인 초겨울의 깜깜한 새벽에 태어났다. 일단 겨울에는 화의 조후가 필요하다. 그리고 원석은 용광로에 들어가야 물건이 된다. 그러므로 일단 화를 좋은 용신이나 희신으로 정한다. 그리고 경금은 자신의 세력이 도

와 주는 것까지 합해 일지의 신금(申金), 시지의 축토(丑土)까지 모두 3개다. 일간이 쇠하니 도와주는 것이 용신이다. 그러므로 토를 용신으로 하고 금과 화를 희신으로 정하면 된다. 토는 건축과 토목이며 금은 중공업과 자동차이다. 현대그룹이 성공한 주 종목과 묘하게도 맞아 떨어진다. 그리고 경금은 을목(乙木)과도 합을 하게 되어 있으니 을목도 재물이다. 묘하게도 이 사주에는 연 천간에 을목이 있다. 따라서 이 사주는 재물을 좇는 사주다. 그리고 을목은 다시 화를 생하거나 경금과 합이 되어 쇠한 경금을 보조해 준다. 을목의 재물이 이 사주에서 절묘한 도움을 주는 역할을 톡톡히 하고 있는 것이다. 그리고 대운의 흐름이 한평생 토와 금과 화로 흘러가니 한국과 세계의 재벌이 될 수 있었다.

14

결혼, 남편복은 어떻게 보는가?

결혼은 언제 하나요?

일반적으로 대운이나 해운(유운)에서 용신이 들어오거나 이성(남자는 재, 여성은 관)이 들어올 때 결혼을 하는 경우가 많다. 이성과 연애하는 것도 마찬가지 방식으로 보면 된다.

① 여자의 경우
- 계수(癸水)인 여자의 경우 관이 남성이고 관은 토(土)이다. 무토(戊土)는 정관이고 기토(己土)는 편관이다.
- 대운에서 무토(戊土)나 기토(己土)가 들어오는 경우 결혼한다.

- 해운(유운)에서 무토(戊土)나 기토(己土)가 들어오는 경우 결혼한다.
- 자신의 용신 대운에서 결혼한다.
- 자신의 용신이 들어오는 해운에서 결혼한다.

② 남자의 경우
- 무토(戊土)인 남자의 경우는 재가 여성이고 재는 수이다. 임수(壬水)는 편재이고 계수(癸水)는 정재이다.
- 대운에서 임수(壬水)나 계수(癸水)가 들어오는 경우에 결혼한다.
- 해운(유운)에서 임수(壬水)나 계수(癸水)가 들어오는 경우에 결혼한다.
- 자신의 용신 대운에서 결혼한다.
- 자신의 용신이 들어오는 해운에서 결혼한다.

예전에는 정재, 정관은 중매로 결혼하는 것이라 했고 편재, 편관은 연애로 결혼하는 것이라 보았다. 그러나 요즘에는 대부분이 연애결혼을 하고 있으니 꼭 편재, 편관과 정재, 정관으로 나눠 해석하는 것은 합당하지 않다.

남편복은 있나요?

여성의 사주에서는 관이 남편이다. 관에는 정관과 편관이 있는데 편관은 다른 말로 살(殺)이라고도 한다. 사주팔자에 정관과 편관이 혼재되어 있을 경우에 정관은 남편이 되고 편관은 애인이 된다. 하지만 사주가 정관으로만 되어 있거나 편관으로만 되어 있다면 하나의 남편으로 보면 된다. 이와는 반대로 사주팔자에 관이 없는 경우도 있는데, 이 경우는 관과 살이 많은 것과 같은 현상이 일어난다. 즉 이성관계가 좋을 수도 있으나 관리를 잘못하면 스캔들이 생기거나 재혼하게 될 수 있다. 하지만 관살이 혼잡되어 있는 것과 다른 점이 있으니, 관이 없는 사주는 이성을 잘 만날 수도 있지만 반대로 이성과 인연이 만들어지지 않을 수도 있다. 그리고 관이나 살이 사주에서 용신이나 희신으로 사용될 경우 남편복이 좋다. 이성 간의 관계도 원만하게 꾸려나갈 수 있으며 사회생활을 하는 데도 유리하다.

● **남편복이 없는 사주**

1. 첫 번째 예시

시	일	월	연
丙	辛	壬	丁
申	巳	子	丑

庚 己 戊 丁 丙 乙 甲 癸
申 未 午 巳 辰 卯 寅 丑

[사주풀이] 신금(辛金) 일간이다. 신금 일간이 겨울에 태어나 연지의 축토(丑土)와 시지의 신금까지 합쳐 모두 3개로 그 세력이 쇠약하다. 따라서 정인, 편인이나 비견, 겁재가 용신이 될 수 있다. 그런데 겨울에 태어난 사주라 조후로 화도 필요하다. 이 사주에서는 화가 관이다. 여성에게 관은 남편

에 해당한다. 그래서 남편운이 좋을 수 있다. 하지만 연 천간의 정화(丁火)는 편관, 일지의 사화(巳火)는 정관, 시 천간의 병화(丙火)도 정관으로 화가 많으며 관살이 혼잡하게 되어버렸다. 더욱이 병화는 신금과 합이 되고 정화는 임수(壬水)와 합이 되고 지지의 사화는 신금과 합이 된다. 관살 혼잡도 남편운이 좋지 않은데 거기에 관이 모두 합이 되었다. 실제 이 사주를 가진 이는 결혼 후 사별하고 다른 남성과 만나다 이름을 더럽히고 끝내는 자살하였다(사주 자료 : 《적천수》'여명장' 참고).

2. 두 번째 예시

시	일	월	연
戊	癸	戊	戊
午	酉	午	子

庚 辛 壬 癸 甲 乙 丙 丁
戌 亥 子 丑 寅 卯 辰 巳

[사주풀이] 계수(癸水) 일간으로 여름에 태어났다. 이 사주는 일간인 계수가 쇠약하기에 편인과 비견인 금과 수를 용신으로 사용한다. 그리고 일간을 극하는 토와 토를 생해주는 화가 기신이다. 그런데 연 천간의 무토(戊土), 월 천간의 무토, 시 천간의 무토로 정관이 무려 3개나 된다. 이렇게 정관만 3개 이상 있을 때는 편관이 정관과 섞여 있지 않아도 편관과 정관이 혼합되어 있는 관살혼잡 사주라 판단하여 배우자 운이 좋지 못하다고 본다. 정관 또는 편관만 있을 경우는 1개나 2개 정도가 있어야 좋다. 거기에다 지

지에는 일지의 유(酉)와 더불어 오화(午火)가 있으니 도화살에 해당한다. 을묘(乙卯) 대운에서 관이 토가 극을 당하니 남편과 사별을 하였고, 그 이후 다른 남성들과 연애를 많이 하였다(사주 자료 : 《적천수》 '여명장' 참고).

● **남편복이 좋은 사주**

1. 첫 번째 예시

시	일	월	연
丙	甲	癸	己
寅	辰	酉	亥

辛 庚 己 戊 丁 丙 乙 甲
巳 辰 卯 寅 丑 子 亥 戌

[사주풀이] 갑목(甲木) 일간이다. 월령은 유금(酉金)이다. 하지만 연지의 해수(亥水)와 월 천간의 계수(癸水), 시지의 인목(寅木)을 합쳐 일간의 세력은 4개다. 거기에 일지의 진토(辰土)는 갑목에게 가장 좋은 습토다. 또한 인목과 진토 사이에 묘목(卯木)이 없지만 그 영향력이 있는 것으로 본다. 인묘진(寅卯辰)이 이어질 경우 목방위국(1장 〈하늘의 도〉에서 '지지방위합' 참고)이 형성되기 때문이다. 그래서 진토를 목의 세력으로 보면 된다. 그러면 일간의 세력이 왕성해 극해주는 관을 용신으로 사용할 수 있다. 월지의 유금은 정관이다. 따라서 남편복이 있는 사주이다. 거기다 이 사주에는 목, 화, 토, 금, 수의 오행이 모두 들어 있으니 균형이 잘맞다(사주 자료 : 《적천수》 '여명장' 참고).

2. 두 번째 예시

시	일	월	연
己	戊	庚	癸
未	午	申	丑

戊 丁 丙 乙 甲 癸 壬 辛
辰 卯 寅 丑 子 亥 戌 酉

[사주풀이] 무토(戊土) 일간이다. 신금(申金)의 초가을에 태어났다. 연지의 축토(丑土)와 일지의 오화(午火), 시 천간의 기토(己土)와 시지의 미토(未土)가 일간 토의 세력이니 모두 5개로 왕성하다. 왕성한 것을 극해주는 관이 용신이다. 관은 곧 남편이니 남편복이 있는 사주다. 하지만 사주에 남편인 관이나 살이 없다. 그렇다면 남편복이 없는 것인가? 아니다. 사주에 관은 없지만 재성이 있다. 연 천간의 계수가 있다. 정재이다. 재는 관을 생해주는 토대이다. 따라서 이럴 경우에는 재를 남편 대신으로 봐도 무방하다. 그리고 대운의 흐름이 수목대운의 재와 관으로 흐르고 있으니, 실제 좋은 남편을 만나 부귀영화를 누리며 행복하게 살았다(사주 자료 : 《적천수》'여명장' 참고).

여성의 사주에서 관성과 편관은 직장을 뜻하기도 한다. 또 식신은 딸을 말하고 상관은 아들이 된다. 아래 내용을 좀 더 살펴보자.

남녀 모두 재성이 맑을 경우
귀하고 능력 있고 현명하다. 재성은 재물을 나타내기에 재성이 충을 당하지 않거나 인수를 파괴하지 않고 튼튼하게 자기의 역할을 다할 때를 재성이 맑다고 한다. 남자에게 재성은 또한 부인에 해당한다.

여자의 사주에 관성이 용신일 경우

남편 복이 있다. 여자의 사주를 볼 때 관성은 남편을 상징한다.

여자의 사주에 관성이 맑을 경우

가족이 화목하다. 좋은 사주라 할 수 있다. 여자의 사주에 관성은 남편을 나타내는데 이 관성이 청하고 귀하게 자리 잡았을 경우에는 남편복이 있고 가족이 화목하다고 해석한다.

여자의 사주에 관성이 희신일 경우

남편이 부귀영화를 누리게 된다. 여자의 사주에서 관성은 남편이다. 이 관성이 희신의 작용을 하고 있다면 남편이 출세를 하고 잘 된다는 뜻이다.

여자의 사주에 관성(정관)과 살성(편관)이 혼잡되어 있을 경우

재혼하게 된다. 여자의 사주에 관성은 남편을 나타내고 살성을 남편이 아닌 애인이나 다른 남자를 말한다. 그러니 관성과 살성이 함께 사주에 있다는 것은 남편 외에 또 다른 남자가 생긴다는 것으로 재혼을 의미한다.

여자의 사주에 도화살이 있는 경우

미인이라 이성에게 인기가 많다. 그러나 행실이 정숙하지 못할 수도 있다. 도화살은 사주 지지에 자(子), 오(午), 묘(卯), 유(酉)가 있는 것을 말한다. 도화살이란 이성에게 인기가 많다는 것이니 잘못하면 바람을 피울 수 있다.

여자의 사주에 홍염살이 있는 경우

바람을 피우게 되고 남자관계가 복잡해진다. 더 나아가 기생의 사주다. 요식업계에 진출하면 발전할 수 있다. 홍염살이 있으면 남자가 잘 따르고 색정을 좋아한다.

여자의 사주에서 시 천간에 관성이 기신(忌神)일 경우

자식이 불효한다. 관성은 남편이니 관성이 기신이면 남편복도 없다. 시 천간의 자리는 아들의 자리이다. 이 자리에 관성이 기신으로 되어 있을 경우에는 아들과 사이가 좋지 않다. 기신이란 희신, 용신의 반대 역할을 하는 것이다.

여자의 사주에 관, 살이 많을 경우

결혼을 여러 번 하던가 유흥업종에 종사한다. 관과 살은 모두 여자에게 있어 남자를 말한다. 이것이 사주에 많을 경우에는 남자가 많다는 것이며 한 남편만을 지아비로 삼고 살아가기가 어렵다는 뜻이다.

여자의 사주에 관성이 약하게 형성되어 있는데 상관(傷官)이 왕할 경우

남편 혹은 자식을 잃게 된다. 여자의 사주에서 관성은 남편과 자식을 나타내고 식신이나 상관도 자식을 나타낸다. 상관은 관성을 극하는 별이다. 그러니 관성이 뿌리가 없고 약하며 그 관성을 왕한 상관이 와서 극할 경우에는 남편이나 자식을 잃게 된다는 뜻이다.

여성의 사주에 관이 3~4개 이상으로 많을 경우

남편으로 고생을 하거나 남편과의 애정이 좋지 않다. 여자 사주에서 관은 남편을 말하지만 무조건 많은 것은 좋지 않다. 오히려 액(厄)이 되기도 한다.

여성의 사주에 관성이 기신(忌神)일 경우

관성이 희신이나 용신으로서의 역할을 하지 못하고 기신으로서 역할을 하게 될 경우 남편의 덕(德)과 복(福)이 없다. 기신이란 사주에서 나에게 좋지 않은 작용을 주는 것을 말하기 때문이다.

처복은 있나요?

남자의 사주에서는 정재와 편재인 재를 여성으로 본다. 이것을 더 세분화하면 정재는 부인, 편재는 애인을 뜻한다. 물론 사주에 정재가 없고 편재만 있을 경우에는 편재를 부인으로 한다. 그리고 여자의 경우와 마찬가지로 정재와 편재가 혼재되어 있을 경우 이성에게 인기가 좋으니 자기관리를 잘 한다면 사회생활에 오히려 유리하게 된다. 왜냐하면 재는 가족관계에서는 부인이고 대인관계에서는 여성이지만 사회생활에서는 재물이기 때문이다. 따라서 사주에 편재나 정재가 용신으로 들어올 경우 재물복도 좋고 이성에게 인기도 좋은 것이다. 하지만 편재나 정재가 기신으로 들어 올 경우에는 처복이 없다. 그리고 편재와 정재가 혼재되고 기신일 경우에는 바람을 피워 재혼하게 되고 여자로 인해 돈이 나가게 된다. 한편 재성이 희신이나 용신인데 사주에 정재나 편재가 없다고 해서 처복이 없는 것은 아니다. 대운에서 들어오면 얼마든지 좋은 인연을 만날 수 있다.

● **처복이 좋지 않은 경우**

시	일	월	연
丁	戊	辛	乙
巳	戊	巳	未

癸	甲	乙	丙	丁	戊	己	庚
卯	辰	亥	子	丑	寅	卯	辰

1. 첫 번째 예시

[사주풀이] 무토(戊土) 일간이다. 무토 일간이 사화(巳火)의 달에 태어났다. 오행에서 화는 계절로 여름이다. 연 천간의 을목(乙木)과 월 천간의 신금(辛金)만 빼고 월지를 포함하여 모두 무토 일간의 세력이다. 강자이다. 강한 것

은 설하는 것이 용신이다. 따라서 금을 용신으로 사용할 수 있다. 하지만 신금은 월지의 사화(巳火)로부터 극을 받아 위태롭다. 그리고 이 사주에서는 수(水)가 재, 즉 부인에 해당한다. 하지만 수가 사주에 없다. 더구나 여름철의 화와 토가 너무 많아 물인 재가 들어올 수가 없다. 물이 들어오면 바로 말라버리는 형국이다. 두 처와 모두 사별을 하였다(사주 자료 : 《적천수》 '육친론' 참고).

2. 두 번째 예시

시	일	월	연
壬	丙	庚	乙
辰	申	辰	亥

壬 癸 甲 乙 丙 丁 戊 己
申 酉 戌 亥 子 丑 寅 卯

[사주풀이] 병화(丙火) 일간이다. 병화가 삼월인 진(辰)월에 태어났다. 오행에서 토(土)달이며 계절로는 봄의 끝이다. 병화는 연 천간의 을목(乙木)까지 모두 2개이니 그 세력이 쇠하다. 목을 용신으로 취해야 한다. 하지만 을목은 월 천간의 경금(庚金)과 합하여 금으로 바뀌니 병화 혼자뿐이다. 더구나 경금과 신금(申金) 등 편재가 많다. 많은 금의 재들이 용신 인목과 합하거나 극해 버린다. 그러므로 재는 여기서 기신이다. 따라서 처복이 없다. 대운도 해자축(亥子丑) 북방의 수대운으로 흘러가고 있다. 처가 어질지 못하고 사납고 질투가 많은데다 자손도 낳지 못했다(사주 자료 : 《적천

수》 '육친론' 참고).

● **처복이 좋은 경우**

1. 첫 번째 예시

시	일	월	연
癸	丁	乙	丁
卯	酉	巳	未

丁 戊 己 庚 辛 壬 癸 甲
酉 戌 亥 子 丑 寅 卯 辰

[사주풀이] 정(丁) 일간이 사(巳)월 화달에 태어났다. 연 천간의 정화(丁火), 월 천간의 을목(乙木), 시지의 묘목(卯木), 월지의 사화(巳火)까지 모두 일간과 같은 화의 세력이다. 총 5개가 되니 왕성하다. 왕성한 것은 극하는 것이 용신이다. 화를 극하는 것은 수(水)다. 그런데 시 천간에 계수(癸水)가 있다. 그리고 여름이라 수의 시원함이 필요하니 역시 수가 용신이 된다. 그런데 이 수를 생해주는 금도 있다. 일지의 유금(酉金)이다. 유금은 재로서 처이다. 또 일지는 처의 자리다. 일간이 왕한 사주는 내가 극하는 재도 용신이 된다. 제대로 처복이 있는 사주이다. 대운도 금수 대운으로 흘러가고 있다. 행복하게 살았다(사주 자료 : 《적천수》 '육친론' 참고).

2. 두 번째 예시

시	일	월	연
丁	庚	乙	癸
丑	申	丑	卯

丁 戊 己 庚 辛 壬 癸 甲
巳 午 未 申 酉 戌 亥 子

[사주풀이] 경금(庚金) 일간이다. 축(丑)월의 토월에 태어났다. 추운 겨울이다. 자기 세력은 월지의 축토(丑土)와 일지의 신금(申金), 시지의 축(丑)까지 모두 4개다. 월령이 포함되어 있어 그 기운이 5개로 왕성하다. 왕성한 것은 극해주는 것이 용신이다. 따라서 화인 관과 재인 목을 용신으로 사용할 수 있다. 월 천간의 을목(乙木)과 연지의 묘목(卯木)은 정재로 튼튼하며 화를 생해주는 좋은 역할을 하기에 충분하다. 재는 부인이다. 그러므로 부인복이 있는 사주이다. 원래 일간이나 용신이 다른 것과 합을 하여 모양이 변하면 좋지 않다. 그러나 일간이 용신이나 희신과 합이 될 경우에는 그렇지 않다. 예시 명조는 희신인 월 천간의 을목이 일간 경금과 합이 되어 있다. 재가 용신이나 희신이면서 일간과 합이 될 경우는 부인복이 좋다(사주 자료 :《적천수》 '육친론' 참고).

15

궁합 보는 방법

궁합이라고 하면 일반적으로 남녀 간의 애정지수나 부부관계를 생각하기 쉽다. 하지만 부모와 자녀, 부자 또는 부녀, 모자와 모녀는 물론이고 형제나 오누이, 자매끼리의 사이가 좋은지를 보는 것도 궁합이다. 또 사업을 하는 사람이 동업자와의 관계를 알아보는 것도 궁합이다. 누군가에게 돈을 빌려줘도 좋은가 하는 것도 궁합을 보면 알 수 있고, 주식에 투자할 때 어느 회사의 종목이 좋을까 하는 것도 궁합을 보면 알 수 있다. 넓은 의미에서 보면 사주를 보는 모든 것이 궁합을 보는 것과 같다. 사주를 본다는 것은 사회 속에서 다양한 인간관계를 통해 화(禍)를 피하고 복(福)을 얻고자 하는 것이기 때문이다.

하지만 사람들이 가장 관심을 갖는 궁합은 바로 남녀 사이의 궁합이다.

궁합을 보는데도 여러 방법이 있는데, 특히 띠를 가지고 궁합을 보는 경우가 많다. 띠 궁합은 12지의 열두 동물을 통해 관계를 맞춰보는 것이다. 앞에서 지지육합(地支六合)과 지지삼합(地支三合)에 관하여 설명했는데, 이를 통한 궁합을 살펴보자.

자(子)와 축(丑), 인(寅)과 해(亥), 묘(卯)와 술(戌), 진(辰)과 유(酉), 사(巳)와 신(申), 오(午)와 미(未)가 서로 합(合)을 한다. 즉 쥐띠와 소띠가 합을 하니 서로 궁합이 좋고, 호랑이띠와 돼지띠가 합을 하니 서로 궁합이 좋다는 식이다. 그리고 삼합(三合)은 인오술(寅午戌)이 합을 하고, 해묘미(亥卯未)가 합을 하고 신자진(申子辰)이 합을 하고, 사유축(巳酉丑)이 합을 하는 것이다. 그래서 호랑이띠와 말띠, 개띠가 서로 궁합이 좋다고 하고 뱀띠와 닭띠, 소띠가 서로 궁합이 좋다고 한다. 또 돼지띠와 토끼띠와 양띠가 궁합이 좋다고 하며, 원숭이띠와 쥐띠와 용띠가 궁합이 좋다고 한다.

반대로 서로 궁합이 좋지 않다는 것은 지지(地支)가 서로 상충하는 것을 말한다. 자(子)와 오(午) 축(丑)과 미(未), 인(寅)과 신(申), 묘(卯)와 유(酉), 진(辰)과 술(戌), 사(巳)와 해(亥)는 모두 충을 한다. 그러기에 쥐띠와 말띠는 서로 궁합이 안 맞고, 소띠와 양띠는 서로 궁합이 안 맞다. 하지만 이런 식으로 궁합을 보는 것은 장님이 코끼리 다리만 만져보고 코끼리에 대해 말하는 것과 같다. 평생의 좋은 인연이 될지도 모를 사람을 두고 장난처럼 띠 한글자만을 맞춰보고 궁합을 판단해서는 안 될 일이다.

궁합 맞추는 방법

그렇다면 어떻게 궁합을 봐야 할까? 사주팔자는 모두 8개의 글자로 구성되어 있다. 그러니 궁합도 쌍방의 사주 8개 글자를 모두 분석하고 맞춰봐야 한다. 두 사람의 사주 전반을 모두 보는 것이다. 성격과 가치관, 꿈도 맞춰야 하며 건강과 애정지수도 맞춰보는 것이 좋다. 속궁합과 자식운도 보고 고부 간의 갈등도 살펴봐야 한다. 가장 중요할 수 있는 금전운, 즉 서로의 경제력도 맞춰보고 나서 서로 대운의 흐름도 보는 것이 좋다. 그리고 마지막으로 종합적인 판단을 통해 궁합을 내는 것이다. 이러니 제대로 궁합을 내는 것이 얼마나 정밀한 작업인가!

그런데 사주명리로 해석한 상대방의 정보와 오랫 동안 교제하면서 알게 된 상대방의 정보 중에서 어떤 것이 더 정확할까? 물론 사랑을 하면 콩깍지가 씌어 판단력이 흐려진다. 그러나 사주명리에서 혼인과 관련된 궁합을 본다는 것의 의미는 두 사람이 만나서 부부가 되었을 때, 더 잘살기 위한 방법을 모색하기 위한 것이다. 오늘날 대부분 사람들이 궁합을 볼 때, 궁합이 좋으면 혼인을 하고 궁합이 나쁘면 혼인을 하지 않는 경우가 있다. 이것은 궁합을 보는 근본적인 목적에 맞지 않는다. 궁합이 좋을 경우는 상관없지만 나쁠 경우에는 왜 나쁜지를 더 명확히 파악해야 한다. 궁합은 서로에게 좋지 않게 작용할 영향들을 대비하기 위한 것이다. 이는 마치 여행을 앞두고 일기예보를 확인하는 것과 같다. 비가 온다면 여행을 취소할 게 아니라 그에 맞춰 일정을 다시 잡아야 한다. 이처럼 사주명리에서 궁합이 좋지 않게 나왔다고 속수무책으로 주저앉을 것이 아니라 그에 대한 대안을 마련하기 위해 사주명리를 본다는 것을 잊지 말아야 한다. 피흉추길(避凶取吉) 하는 것이 명리를 보는 목적이다. 하지만 사주명리로 모든 문제점을 찾아내고 해결할 수 있는 것은 아니라는 점도 잊지 말아야겠다.

남자 사주 : 1972년 3월 10일 08시 음력

戊	甲	甲	壬
편재	자신	비견	편인
辰	申	辰	子
편재	편관	편재	정인

壬	辛	庚	己	戊	丁	丙	乙	대운 4
子	亥	戌	酉	申	未	午	巳	

여자 사주 : 1976년 4월 27일 20시 양력

甲	己	壬	丙
정관	자신	정재	정인
戌	酉	辰	辰
겁재	식신	겁재	겁재

甲	乙	丙	丁	戊	己	庚	辛	대운 7
申	酉	戌	亥	子	丑	寅	卯	

남자의 사주는 봄의 토(土)달 아침에 큰 나무로 태어났다. 일간은 갑목(甲木)이며, 월지는 진토(辰土)로 봄의 토이다. 일간 옆에 비견인 갑목이 있고 연 천간에 임수(壬水)가 있다. 언뜻 보면 갑목의 세력이 조금 약해 수가 들어와 수생목하는 것이 좋을 것 같다. 그러나 일지의 신금(申金)과 연지의 자수(子水)와 월지의 진(辰)이 지지 3합이 되어 신자진(申子辰) 수의 삼합국이 되었다. 그래서 일간 갑목의 세력이 상당히 강해졌다. 강한 일간의 세력은 설기해주는 것을 용신으로 사용할 수가 있다. 따라서 화를 용신으로 사용할 수 있는데 화가 없다. 또한 물이 너무 많아 물을 막아주는 토를 용신으로 사용해도 괜찮다. 그런데 화가 없어 토의 세력이 상당히 약하다. 대운은 정미(丁未) 대운까지는 화와 토로 이어져 좋지만 그 이후 무신(戊申) 대운부터는 토와 금의 기운이 번갈아 들어오고 있어 대운이 40대 초반 이후로 좋은 것은 아니다.

여자의 사주는 기토(己土) 일간으로 진토(辰土), 즉 봄의 저녁에 태어났다. 기토의 세력은 월지의 진토, 연지의 진토, 시지의 술토(戌土)와 연 천간의 병화(丙火)와 일간의 기토까지 모두 5개로 그 기운이 왕하다. 왕한 것은 극하는 재나 관을 용신으로 사용할 수 있다. 이 사주에서는 갑목(甲木)이 정관이며 정관은 남편이 된다. 사주 자체로는 남편복이 있는 사주라 할 수 있다. 대운은 기축(己丑) 대운은 토로 좋지 않고 무자(戊子), 정해(丁亥) 대운은 화토와 수 대운이 번갈아 들어오고 있어 5년 주기로 길과 흉이 반복되고 있으며 병술(丙戌) 대운은 좋지 않다.

이제 두 사람의 궁합을 보자. 남성은 화와 토, 즉 식신과 재가 용신인데 여성이 바로 기토 정재로 되어 있다. 남성이 좋아할 수 있는 사주이다. 여성은 재나 관, 즉 목이나 수가 용신인데 남성이 바로 갑목이다. 여성 또한 남성을 좋아할 수 있는 사주이다. 또한 남자의 갑목 일간이 여자의 기토, 갑기(甲己)와 합이 되어 일간끼리의 겉궁합은 잘 이루어지고 있다. 갑목이 기토를 보면 정재이기에 아내로 딱 맞는다. 또 여성은 기토 일간으로 갑목은 정관이기에 남편으로 딱 맞는다. 그래서 일단 일간의 겉궁합이 좋다.

다음으로 속궁합을 보자(여기서는 속궁합을 월지로 보겠다. 월의 지지가 어머니 자리이니 곧 어머니의 자궁과 같기 때문이다. 물론 이것은 나만의 방식이다. 궁합을 보는 방법에는 아직 정설이 없다). 남성과 여성 모두 진토(辰土)이다. 이렇게 같은 지지로 되어 있으니 서로에게 좋은 느낌을 갖고 관계가 빠르게 진행될 수 있다. 하지만 이 사주에는 문제가 있다. 바로 진(辰)과 진(辰)의 자형살이 문제다. 자형살은 진(辰)과 진(辰), 오(午)와 오(午), 해(亥)와 해(亥), 유(酉)와 유(酉)가 서로 만나서 생기는 것이다. 자형살은 스스로 일을 그르쳐 안 좋은 결과가 생기도록 하는 살을 말한다. 그래서 속궁합이 처음은 좋으나 권태기가 빨리 올 수 있다.

다음으로 두 사람의 띠를 보자. 남성은 쥐띠이며 여성은 용띠이다. 쥐와 용은 3합이 되어 좋다. 원숭이, 쥐, 용은 3개가 모이면 3합이 된다. 그래서 이 두 사람의 띠 궁합은 좋다.

남성의 경우 대운의 흐름을 보면 30대 후반부터 금과 토가 5년 주기로 번갈아 들어오다가 60대 중반부터 금과 수로만 대운이 진행되고 있다. 따라서 대운의 흐름은 그다지 좋은 것은 아니다. 여성의 경우 대운은 20대 후반인 기축(己丑) 대운의 10년은 토로 좋지 않고 무자(戊子), 정해(丁亥) 대운은 화토와 수 대운이 번갈아 들어오고 있으니 5년 주기로 길과 흉이 반복된다. 50대 후반 병술(丙戌) 대운은 좋지 않다.

　종합해 보면 두 사람은 용신으로 보면 삶의 가치관이나 성향 등 서로 필요로 하는 것을 가지고 있어 괜찮아 보인다. 또 일간이 합이 되고 서로 좋아하는 사주가 되어 있으니 겉궁합도 좋다. 월지의 속궁합은 처음은 좋으나 권태로움이 빨리 올 수 있다. 띠 궁합도 좋다. 따라서 속궁합이 조금 문제가 있지만 무난한 궁합이라 할 수 있다. 그러나 대운의 흐름이 좋지 않다. 대운은 일생 살아가면서 길흉화복의 영향을 주관하는 것으로 재물, 성공, 건강 등을 종합적으로 보는 곳이라 할 수 있다. 따라서 두 사람 모두 사회적으로는 성공적인 삶을 살아가기는 힘들어 보인다. 애정궁합은 좋지만 두 사람이 함께 살아가는 삶 자체는 조금 힘이 들 수 있는 것이다. 결과적으로 연애하기에는 좋고 혼인을 하기에는 조금 부족한 궁합이라 할 수 있다. 만약 두 사람이 사랑의 힘으로 여러 가지 어려움을 극복할 결심이 서 있다면 혼인을 해도 좋다. 하지만 그런 결심이 없는 상황이라면 연애에서 만족하는 것이 좋겠다.

辛　丙　丁　戊
정재　자신　겁재　식신
卯　午　巳　辰
정인　겁재　비견　식신

乙 甲 癸 壬 辛 庚 己 戊　　대운 10
丑 子 亥 戌 酉 申 未 午

여자 사주 : 1931년 10월 3일 06시 양력

辛　辛　丁　辛
비견　자신　편관　비견
卯　卯　酉　未
편재　편재　비견　편인

乙 甲 癸 壬 辛 庚 己 戊　　대운 2
巳 辰 卯 寅 丑 子 亥 戌

　남자의 사주는 병화(丙火) 일간으로 하늘의 태양이다. 월지가 사화(巳火)
이니 화의 달에 태어났다. 그리고 월 천간의 정화(丁火)와 일지의 오화(午火)
와 시지의 묘(卯)까지 합쳐 일간의 세력은 5개로 왕성하다. 왕성한 것은 극
하는 관이나 재가 용신이다. 이 사주에서는 극하는 수는 없고 재인 금이 있
다. 그런데 연주의 무진(戊辰) 토가 왕한 화의 기운을 설기하여 멀리 있기는
하지만 신금(辛金)을 생해주고 있다. 왕한 경우 재와 관이 용신인데 남성의

경우 재는 아내에 해당하니 사주 자체를 보면 처복은 있다고 할 수 있다. 하지만 사방에 목과 화로 금을 극하고 있어 금 자체가 힘든 상황이다.

여자의 사주는 신금(辛金) 일간으로 금이나 은 같은 귀금속으로 태어났다. 월지가 가을 유금(酉金)이다. 자신의 세력은 월지 유금, 연 천간의 신금, 연지의 미토(未土), 시 천간의 신금까지 합쳐 모두 5개로 그 세력이 왕성하다. 왕성한 것은 극해주는 관이나 재가 용신이다. 여기에서는 재인 묘목(卯木)이 있고 정관인 정화(丁火)가 있다. 정화는 묘목으로부터 생을 받고 있고 비교적 튼튼하다. 여성의 사주에서 정관은 남편이니 이 사주는 남편복이 있는 사주이다.

두 사람의 궁합을 보면 먼저 남성의 경우는 병화 일간으로 전체적인 사주의 균형과 삶의 가치관 등을 파악할 수 있는 용신이 금인데 아내가 금으로 되어 있다. 그런데 여성은 신금이니 이 남성은 아내를 통해 삶의 균형을 잡을 수 있게 된다. 반대로 여성의 경우는 용신이 화인데 이 남성의 일간이 병화이니 여성도 역시 남편을 통해 삶의 가치관이나 균형이 잡히고 만족한 삶을 꾸릴 수 있게 된다. 그리고 일간은 남성은 병화이고 여성은 신금이니, 남성이 여성을 볼 때 내 여자라는 생각이 들고 여성이 남성을 볼 때는 내 남자라는 생각이 든다. 일간의 겉궁합에 합이 들어 좋은 것이다. 이런 경우 만나자 마자 빠른 속도로 친해지고 사랑에 빠질 수 있다. 일지의 성격을 보면 남성의 경우는 오화(午火)이고 여성의 경우는 묘목(卯木)이다. 목이 화를 생하는 구조라 성격도 부딪치지 않고 원만하게 소통될 수 있다. 속궁합을 보는 곳인 월지를 보면 남성은 사화(巳火)이고 여성은 유금(酉金)이다. 사유축(巳酉丑)이 3합이 되어 금이 되기에 사(巳)와 유(酉)는 서로 합이 되어 속궁합 또한 좋다. 이렇게 속궁합이 좋을 경우는 혼인 전에 속도위반을 할 가능성이 높다. 그리고 남성은 용띠, 여성은 양띠이다. 용과 양은 오행으로 보면 서로 토로서 부딪힘 없이 원만하다. 따라서 사주로만 보면 애정이 좋은 궁합이라 할 수 있다.

사주 자체로 애정을 볼 수 있다면 대운은 인생의 성공과 경제적인 것을 보는 곳이라 할 수 있다. 남성의 대운은 경신(庚申) 대운부터 금수 대운으로 흘러가고 있다. 40대에 들어서면서 좋아지니 자수성가로 크게 일어나는 대운이다. 여성의 경우 대운은 임인(壬寅)부터 수목이 들어오면 목화 대운으로 진행되고 있다. 임인 대운은 40대 초반부터이다. 두 사람의 대운이 마흔에 들어서면서 함께 좋아진다. 애정궁합도 좋고 대운도 좋기에 결과적으로 좋은 궁합이라 할 수 있다.

남자 사주 : 1952년 1월 11일 12시 음력

丙	壬	壬	壬
편재	자신	비견	비견
午	午	寅	辰
정재	정재	식신	편관

庚	己	戊	丁	丙	乙	甲	癸	대운 10
戌	酉	申	未	午	巳	辰	卯	

여자 사주 : 1952년 1월 15일 10시 음력

癸　　丙　　壬　　壬
정관　자신　편관　편관
巳　　戌　　寅　　辰
비견　식신　편인　식신

甲 乙 丙 丁 戊 己 庚 辛　　대운 2
午 未 申 酉 戌 亥 子 丑

　　남자의 사주는 임수(壬水) 일간으로 강물로 태어났다. 월지는 인목(寅木)의 늦겨울 이른 초봄의 계절에 태어났다. 자신의 세력은 월 천간의 임수와 연 천간의 임수까지 합하여 모두 3개로 그 세력이 쇠자이다. 따라서 금이 수를 생하거나 수가 와서 수를 도와줘야 한다. 사주에서 임수의 재는 화이다. 화는 곧 여자고 배우자다. 이 사주에는 병화(丙火) 편재와 오화(午火) 정재가 2개나 된다. 사주에 재인 화가 3개로 상당히 많다. 따라서 배우자와 이혼하고 재혼을 할 가능성이 높고 바람을 피울 가능성이 높다. 거기에 일간 임오(壬午)의 오(午)는 배우자 자리로 시지의 오(午)와 오(午)로 자형살이 되니 스스로 배우자와 사이가 나빠지는 상황을 만들 수 있다. 대운의 흐름은 목화 대운으로 진행되어 그다지 좋지 않다.

　　여성의 사주는 병화(丙火) 일간으로 태양으로 태어났다. 인목(寅木)의 목달에 태어났으나 자신의 세력은 시지의 사화(巳火)와 일간까지 합쳐서 3개로 왕성한 듯 하나 쇠하다. 그래서 일간의 병화를 생해주는 목이 좋으며 병화를 도와주는 화도 좋다. 다행인 것은 태양의 병화가 봄 아침에 태어나 힘이 있고 밝고 미래가 밝다는 점이다. 이 사주에서는 수가 관으로 배우자가 된다. 월 천간의 임수(壬水)와 연 천간의 임수, 시 천간의 계수(癸水)까지 합쳐 정관과 편관이 3개나 되어 관살혼잡의 사주이다. 더구나 용신은 목이나 화이다. 또한 지지가 인사(寅巳) 삼형에다 진술(辰戌) 충으로 모두 안정되지 않고 몹시 불안하다. 지지는 가정이나 건강을 보는 곳으로 이렇게 충과 형이 많으면 가정이 불안하고 건강이 나빠진다. 따라서 배우자복이 없이 이혼하고 재혼할 수 있다. 대운의 흐름은 금수와 토금 대운으로 진행되고 있어 좋지 않다.

두 사람의 궁합을 보면 남성은 금수가 용신이고 여성은 목화가 용신이니 서로 가치관이나 삶의 의미가 다를 수 있다. 그런데 남성의 일간은 임수로 병화가 재가 된다. 남자 사주에서 재는 여성인데, 마침 이 여성이 병화이니 매력적으로 보일 수 있다. 여성의 경우는 임수가 남편을 뜻하는 관이다. 마침 남성이 임수 일간이므로 상대에게 남성적인 매력을 느낄 수 있다. 그래서 두 사람은 서로 이성적인 매력을 느껴 연애를 할 수 있게 된 것이다.

하지만 임수와 병화는 서로 극하는 관계다. 연애를 하면서도 계속 싸우게 되고 그래서 피곤한 연애를 지속하게 된다. 남성의 일지는 오(午)이고 여성의 일지는 술토(戌土)이다. 오(午)와 술(戌)은 인오술(寅午戌) 화국의 3합으로 합이 되기에 서로 성격은 잘 맞을 수 있다. 속궁합을 보는 월지는 둘 다 인목(寅木)이다. 그래서 속궁합도 괜찮을 수 있다. 띠는 둘 다 용띠라서 무난할 수 있지만 진토(辰土)는 진토(辰土)와 진(辰)-진(辰) 자형살이 되어 서로 사이가 안 좋아질 가능성이 높다. 이렇게 사주로만 보면 좋은 것도 있고 안 좋은 것도 있으니 보통 정도라 할 수 있다.

대운의 흐름을 보면 남성의 경우 화토 대운으로 흘러 사회에서 성공하기가 쉽지 않다. 더구나 화는 재로써 여성이고 돈이다. 사례로 든 사주처럼 재가 용신이 아니고 기신일 경우는 여성을 잘못 만나고 돈도 벌지 못해 자꾸 나가게 된다. 여성의 경우는 대운이 토, 금, 수로 진행되고 있어 대운의 흐름이 좋지 않다. 사회에서 성공하기 어렵고 삶 자체가 윤택하지 못하다. 또한 수는 이 사주에서 관인데, 관은 남편과 남성이다. 이혼하고 여러 남성을 만날 수 있다. 금은 재물인데 재가 용신이 아니고 기신일 경우 대운에서 재가 들어오면 돈이 들어오는 것이 아니고 나가게 된다. 따라서 둘의 대운이 좋지 않아 삶 자체가 탁하고 힘들다. 애정 궁합은 보통이고 삶 자체가 성공적이지 못하고 힘이 드니 좋은 궁합이라 할 수 없다.

16

사주로
건강을 알 수 있다

건강을 알아보는 방법

10간과 연결된 오장육부와 신체부위는 아래와 같다. 먼저 이 표를 살펴보자.

10간	갑(甲)	을(乙)	병(丙)	정(丁)	무(戊)	기(己)	경(庚)	신(辛)	임(壬)	계(癸)
오장육부	담	간	소장	심장	위장	비장	대장	폐	방광	신장
신체	머리	목	어깨	심장	가슴	배	배꼽	허벅지	종아리	발

또 12지와 연결된 신체부위는 아래와 같다.

12지	자(子)	축(丑)	인(寅)	묘(卯)	진(辰)	사(巳)	오(午)	미(未)	신(申)	유(酉)	술(戌)	해(亥)
신체 부위	귀, 방광	배	손, 담	손가 락, 간	가슴, 어깨	얼굴, 목	정신, 눈	등, 위	대장, 폐	정혈, 소장	다리, 대퇴 부	머리, 음낭

사주를 통해 건강을 알아보는 방법은 일간을 위주로 오행의 상극 관계와 초과하거나 부족한 것을 판단해 그에 해당하는 각 오행의 질병을 추리하는 것이다.

① 사주의 구성이 서로 상극이 많고 일주를 배반하는 형상일 경우
각종 질병과 사고가 따라붙는다.

② 연, 월, 천간이 화합할 경우
연과 월은 인체에서 사람의 머리 부위에 해당한다. 따라서 이곳이 합을 하게 되면 머리 부위에 이상이 생길 수 있다. 즉 정신에 이상이 생기거나 뇌이혈, 동맥경화 등이 생긴다.

③ 사주가 혼탁할 경우
질병과 우환이 많다.

④ 오행이 서로 화합이 잘 될 경우

평생 재난이 없고 질병이 없다.

⑤ 기신이 입고가 되어 있을 경우

병이 생기면 좀처럼 치유되지 않는다. 기신은 일주에 좋지 않은데 이것이 병이 되어 입고가 된다면 치료가 잘 안 된다는 뜻이다. 입고란 땅속 깊이 박혀 있는 것을 말한다. 땅속에 해당하는 글자는 12지의 진술축미(辰戌丑未)다. 제거하기 힘들다.

⑥ 일주가 약한 수(水)로 되어 있는데 토(土)가 많을 경우

수(水)는 음(陰)이며 신체에서 음낭이며 신장이다. 이것을 토(土)가 극하면 성기에 문제가 생기게 된다는 뜻이다. 또한 토(土)는 인체에서 위장, 대장 등에 속하니 토(土)가 많으면 소화기 계통에 문제가 생긴다. 따라서 위장병 또는 성병을 조심해야 한다.

⑦ 화(火)가 많아 금(金)이 극을 당할 경우

화는 불이고 심장이다. 금은 폐에 해당하는데 많은 화가 약한 금을 극하면 폐가 나빠진다는 뜻이다. 기관지가 약하니 조심해야 한다.

⑧ 토(土)가 많고 화(火)가 약할 경우

화가 토를 생해주는데 화는 심장에 해당한다. 약한 화가 강한 토에게 자

기의 기운을 빼앗기는 형상이니 심장이 약하다.

⑨ 많은 금(金)이 약한 토(土)를 설기할 경우

위장이나 비장이 약하다. 토는 위장 등 소화기 계통에 속하는데 금을 생하는 작용을 하므로 약한 토가 강한 금에게 설기를 당하기에 위장이 나쁘다고 한 것이다.

⑩ 화(火)가 많고 수(水)가 약해서 말라들어 갈 경우

신장이 약하다. 수는 신장(콩팥)이나 성적인 부위에 해당하는데 강한 화가 약한 수(水)를 증발시키기에 신장이 나쁘다고 한 것이다.

⑪ 금(金)이 많고 목(木)이 없을 경우

목은 신체에서 간에 해당한다. 그런데 많은 금이 약한 목을 극하거나 아예 목이 없다면 간이 나쁜 것이다.

⑫ 수(水)가 많고 화(火)가 약할 경우

심장이 약하다. 화는 심장에 해당하는데 강한 수가 약한 화를 극하니 심장이 나쁘다는 것이다.

⑬ 토(土)가 많고 화(火)가 약할 경우

심장이 약하다. 화는 토를 생하게 되어 있는데 약한 화가 강한 토에게 설

기를 많이 당하면 화(火)는 심장에 해당하기에 심장이 나쁘다는 뜻이다.

⑭ 목(木)이 많고 토(土)가 약할 경우

위장, 비장 등 소화기 계통이 약하다. 목은 토를 극하는 작용을 하는데 많은 목이 약한 토를 극하게 되면 이곳이 약해진다. 토는 소화계통이다.

⑮ 금(金)이 많고 목(木)이 적을 경우

탈골, 골절, 간이 나쁘다. 목(木)은 간, 팔, 다리에 해당하는데 약한 목(木)을 강한 금이 극하면 이 부위에 문제가 발생하게 된다.

17

행운을 몰고 오는
비법

나에게 행운을 가져다주는 색상은?

사주에서 용신을 먼저 찾고 그 용신이 어느 오행에 해당하는가를 분석한다. 그 다음 해당하는 오행의 색상이 어느 색인지 확인한다. 자신의 용신과 맞는 오행의 색상이 행운의 색상이 된다. 예를 들어 사주에서 용신이 오행에서 목(木)인 사람은 목의 색상이 자신에게 행운의 색상이다. 목의 색상은 청색계열이다.

내 건강에 도움을 주는 음식은?

사주에서 용신을 먼저 찾고 그 용신이 어느 오행에 해당하는가를 분석한다. 그 다음 해당하는 오행과 관련된 음식을 찾아본다. 자신의 용신과 맞는

오행	목	화	토	금	수
천간	갑(甲) 을(乙)	병(丙) 정(丁)	무(戊) 기(己)	경(庚) 신(辛)	임(壬) 계(癸)
지지	인(寅) 묘(卯)	사(巳) 오(午)	진(辰), 술(戌) 축(丑), 미(未)	신(申) 유(酉)	해(亥) 자(子)
방위	동	남	중앙	서	북
계절	봄	여름	사계	가을	겨울
오곡	보리	콩	찰기장	마	메기장
오기	풍기	서기	습기	조기	한기
시간	아침	한낮	오후	저녁	밤중
반응	탄생	성장	변화	수확	저장
맛	신맛	쓴맛	단맛	매운맛	짠맛
소리	각	치	궁	상	우
색깔	청색	적색	황색	백색	흑색
오관	눈	혀	입	코	귀
오장	간장	심장	비장	폐	신장
육부	담	소장	위	대장	방광
신체	수족	혈맥	살	피부, 털	뼈
정서	분노	기쁨	근심	슬픔	두려움
오덕	박애(仁)	예의(禮)	신뢰(信)	정의(義)	지혜(智)
소리	부르는 소리	웃는 소리	노래하는 소리	곡하는 소리	신음 소리
맥	현맥	홍맥	유맥	부맥	침맥
수리	3, 8	2, 7	5, 10	4, 9	1, 6

오행에 해당하는 음식이 건강에 좋은 음식이다. 만약 사주에서 용신이 오행에서 수(水)인 사람은 수와 관련된 음식이 건강에 좋다. 물을 많이 마시고 차(茶)를 즐겨 마시면 된다.

나에게 맞는 행운의 방향은?

사주에서 용신을 먼저 찾고 그 용신이 어느 오행에 해당하는가를 분석한다. 그 다음 해당하는 오행과 관련된 방향을 찾아본다. 자신의 용신과 맞는 오행에 해당하는 방향이 자신에게 맞는 행운의 방향이다. 만약 사주에서 용신이 오행에서 화(火)인 사람은 남쪽이 자신에게 행운의 방향이다.

나에게 맞는 운동은?

사주에서 용신을 먼저 찾고 그 용신이 어느 오행에 해당하는가를 분석한다. 그 다음 해당하는 오행과 관련된 운동을 찾아본다. 자신의 용신과 맞는 오행에 해당하는 운동이 자신에게 맞는 운동이다. 사주에서 용신이 오행에서 토(土)인 사람은 유산소 운동이나 등산 같은 땅을 많이 접할 수 있는 운동 종목이 자신에게 좋은 운동이다.

나에게 맞는 취미와 적성은?

사주에서 용신을 먼저 찾고 그 용신이 어느 오행에 해당하는가를 분석한다. 그 다음 해당하는 오행과 관련된 분야를 찾아본다. 자신의 용신과 맞는 오행에 해당하는 분야가 자신에게 맞는 취미나 적성이 된다. 이 분야는 직업과도 연결된다. 앞의 십신과 직업 또는 오행과 직업을 연결해보면 된다. 예를 들어 사주의 용신이 오행에서 금(金)이라면 보석디자이너나 금융업이 좋다.

사주로 택일은 어떻게 할까?

택일은 혼인식을 하거나 사람을 만나거나 개업을 하거나 이사를 하는 등 무슨 일을 하고자 할 때 좋은 날을 잡는 것을 말한다. 택일을 하는 방법은 여러 가지가 있지만 사주명리로 하는 방법은 먼저 용신을 찾아 그 용신 날을 택일한다. 그 다음 용신이 오행 중에 어느 오행인가를 찾는다. 용신에 맞는 오행을 찾았으면 그 오행이 10간 12지의 어디에 해당하는가를 찾는다. 그리고 용신의 오행에 해당하는 간지를 찾았으면 그 간지를 가지고 달력(만세력)에서 날짜를 확인한다.

이몽룡(가명) : 남자 / 1940년 12월 12일 10시, 음력

시	일	월	연
乙	丁	己	庚
巳	巳	丑	辰

戊 丁 丙 乙 甲 癸 壬 辛 庚   대운 9
戌 酉 申 未 午 巳 辰 卯 寅

[사주풀이] 정(丁) 일간이다. 겨울철 늦은 아침에 하늘의 달로 태어났다. 일간의 세력은 일지의 사화(巳火), 시 천간의 을목(乙木), 시지의 사화(巳火)까지 모두 4개다. 월령은 축토(丑土)로 일간의 세력에서는 빠져 있다. 따라서 일

간의 세력이 쇠하다. 쇠한 것은 정인, 편인이 생해주는 것이 제일 좋고 그 다음은 비견, 겁재가 도와주는 것이 좋다. 그러므로 목(木)이 좋고 그 다음 화(火)가 좋다. 더구나 겨울철이라 따뜻한 화가 꼭 필요하다. 대운의 흐름은 경인(庚寅), 신묘(辛卯)에는 지지에 목이 있지만 천간에 금이 지지의 목을 극하고 있어 제대로 발복할 수 없다. 임진(壬辰) 대운은 상당히 어려운 시기이다. 일간 정화(丁火)가 대운의 임수(壬水)와 합이 되어 그 모양이 변하니 삶이 안 좋은 방향으로 진행된다. 임진(壬辰) 대운의 진(辰)도 습토로서 화의 기운을 설기하고 있어 역시 흉하다. 하지만 계사(癸巳) 대운의 사(巳) 대운부터 갑오(甲午), 을미(乙未)의 을(乙) 대운까지 20년간 목화 대운이 되어 이때가 전성기가 된다.

재는 집안에서 아버지이자 재물이다. 초년의 경인 대운에서 재가 있어 집안에 경제력이 있었지만 아버지가 사업을 하다 부도가 나서 망했다. 이때 대학을 다니다 중퇴했다. 그러다 신묘(辛卯) 대운 때 대학을 졸업할 수 있었다. 신(辛)이 정재이니 부인에 해당하는데 이때 지금의 부인과 결혼하고 직장을 다닌다. 정재는 직장에서 벌어들이는 돈도 된다. 임진(壬辰) 대운 때는 정화(丁火)와 임(壬)의 합으로 인생의 커다란 변화가 생겼다. 국내 생활을 접고 미국으로 건너가서 고생을 시작한다. 계사(癸巳) 대운의 계(癸) 대운까지 자동차 부품에 들어가는 전자제품을 만드는 회사를 다니다 사(巳) 대운에 회사를 나와서 독립하여 전자제품 부품 제조 사업을 해 갑오(甲午), 을미(乙未)의 을(乙)까지 20년 대운 동안 성공적으로 사업을 이끌게 된다. 병신(丙申), 정유(丁酉) 대운에는 현상 유지를 하면서 기존의 것을 지키며 살고 있고 그 이후에는 사업을 접었다. 자녀는 상관이 1개라 딸이 하나, 식신이 2개라 아들이 둘이다.

[재물운] 정화(丁火) 일간이다. 화의 재물은 재인 금이다. 따라서 금이 재이다. 경금(庚金)은 정화가 보았을 때 정재로 재물이다. 경금은 지지의 축(丑)과 미(未)와 기토(己土)로부터 생을 받고 있어 그 세력이 상당히 튼튼하여 돈 줄기가 강한 사주라 할 수 있다. 대운이 좋으면 이 돈 줄기가 집으로 들어오게 된다. 계사(癸巳) 대운의 사(巳) 대운부터 갑오(甲午), 을미(乙未)의 을(乙) 대운까지 20년간 전성기를 맞으니 이때 사업으로 많은 돈을 벌었다.

[애정운] 남자의 경우 육신 중에서 편재나 정재인 재가 부인이다. 따라서 재물과 여성, 즉 아내를 같이 보게 된다. 연 천간의 경금(庚金)이 정재로 부인이 된다. 그리고 정재는 바른 부인이며 사주에 경금이 하나뿐이라 평생 부부의 인연을 벗어나지 않았다. 또한 경금이 3개의 토(土)로부터 생을 받고 있으니 그 세력이 튼튼하다. 참고로 연 천간에 부인이 있을 경우 부인도 자신의 일을 갖고 사회생활을 왕성하게 해 성공할 수 있다.

[직업운] 정화(丁火) 일간이다. 겨울철 늦은 아침의 달로 태어났다. 일간의 세력은 월령은 축토(丑土)로 빠지게 되고 일지의 사화(巳火), 시 천간의 을목(乙木), 시지의 사화(巳火)와 함께 모두 4개로 쇠한 편이기에 목과 화가 좋다. 목은 교육업, 임업, 출판업 등이다. 화는 전자, 패션, 인터넷, 요식업 등이다.

한국에 있을 때는 교육 사업을 통해 돈을 벌었다. 미국으로 가서는 자동차에 들어가는 전자제품을 제조해 큰돈을 벌었다.

[건강운] 정화(丁火) 일간으로 세력이 쇠하다. 또 정화는 달인데 달이 사(巳)시, 즉 늦은 아침에 태어나 빛이 없다. 그래서 조금 허약한 체질이라 할 수 있다. 일단 사주에 축토(丑土)와 진토(辰土)의 물이 들어가 있는 흙인데 수를 빼고는 팔자 그 자체로 오행의 수는 없다. 수는 뼈나 항문, 생식기에 관련된 곳이다. 허리와 관절 등 뼈와 관련된 질환을 조심해야 한다. 그리고 은근히 토(土)가 많다. 토는 근육, 살에 해당한다. 비만이며 당뇨를 조심해야 한다.

[자식운] 남자의 경우 사주에서 편관이 아들이고 정관이 딸이다. 또는 식신을 아들, 상관을 딸로 보기도 한다. 이 사주는 정화 일간이다. 이 사주에는 관인 수가 없다. 그러나 진토(辰土)인 상관이 1개 있고 축토(丑土)와 기토(己土)인 식신이 2개 있다. 상관은 딸, 식신은 아들로 볼 수 있으니 아들 둘에 딸이 하나 있다. 그리고 자식은 혼자 낳는 것이 아니기에 자식운은 반드시 배우자와 함께 봐야 정확하다.

[성향] 정화(丁火) 일간이다. 정화 일간은 성실하고 책임감이 강하다. 열정이 있고 원칙대로 하는 성향이 있다. 또한 화(火)는 오덕에서 예의에 해당하기에 예절이 있고 남에게 악한 일을 하지 않는다. 또 한 가지 일을 시작하면 지속적으로 끌고 가는 인내심, 즉 일심(一心)이 있다. 그리고 편인인 을목이

용신이기에 연구하고 공부하는 것을 좋아한다.

[행운] 운동은 목(木)이 용신이니 삼림욕이 좋으며 화(火)가 희신이니 음악을 듣거나 기수련을 하는 것도 좋다. 용신이 목인 경우 동쪽 방향이 좋다. 화의 남쪽 방향도 좋다. 색상은 용신이 목이고 희신이 화다. 목의 색상은 청색, 녹색이고 화의 색상은 적색이다. 음식에서 목이 용신이니 채소와 과일을 많이 먹는 것이 좋다. 화도 좋으니 열이 나는 채소로 홍삼이 좋다.

[올해의 운세] 정화(丁火) 일간인데 정화가 쇠하다. 용신은 을목(乙木)으로 편인이다. 희신으로 화도 좋다. 올해의 운은 올해가 어느 대운에 해당하는지를 먼저 봐야 한다. 이 사람은 지금 병신(丙申) 대운에 있다. 그 중에서도 신(申)대운에 있다. 신(申)은 편재로서 좋지 않다. 돈이 나갈 수 있고 배우자와 사이가 안 좋아질 수 있다. 또 건강이 나빠질 수도 있다. 하지만 올해는 2015년 을미(乙未)년이다. 목은 용신이고 화는 희신이다. 을은 목(木)으로 용신이라 좋지만 미는 토라 화(火)의 기운을 설기해서 안 좋을 것 같다. 하지만 본인 사주에서 시지의 사(巳)와 일지의 오(午)와 올해의 미(未)가 만나 사오미 남방 화방국을 만들게 되어 불바다가 되었다. 화는 희신으로 좋으니 올해는 좋은 한해가 된다. 이처럼 대운과 해운의 길흉이 다를 경우는 해운을 중심으로 해석한다. 2015년은 을미년으로 을은 목으로 편인이니 좋은 윗사람이나 귀인을 만날 수 있고 일간을 보강해주니 건강도 무난하다. 자신이 하는 일에서 좋은 결실을 맺을 수도 있다. 미토가 남방화국이 되었으니 상관

이 비견이 되었다. 비견은 일간과 같은 세력으로 대인관계가 넓어지고 자신의 세력이 넓어지게 된다.

어우동(가명) : 여자 / 1938년 12월 25일 18시, 양력

시	일	월	연
丁	辛	甲	戊
酉	卯	子	寅

丙	丁	戊	己	庚	辛	壬	癸	대운 6
辰	巳	午	未	申	酉	戌	亥	

[사주풀이] 신금(辛金) 일간이다. 자(子)월의 수달에 태어났다. 연 천간의 무토(戊土)와 시지의 유금(酉金)을 합쳐 그 세력이 모두 3개이다. 일간이 쇠하다. 쇠한 것은 도와주는 것이 용신이므로 정인, 편인, 비견, 겁재를 용신으로 사용해야 한다. 따라서 토가 용신이 되고 금은 희신이 될 수 있다. 추운 겨울 저녁에 금은과 같은 귀금속으로 태어났다. 그런데 이 사주는 겨울 사주라 화가 꼭 필요하다. 사주에서 시 천간에 정화(丁火)가 있다. 정화는 정관으로 이 사주에서 좋은 역할을 해준다. 또한 이 사주는 수, 목, 화, 토, 금의 오행이 모두 들어 있는 사주이기도 하다. 오행이 모두 들어 있는 사주가 그렇지 않은 사주보다 삶의 질이 높고 행복할 수 있다. 대운은 임술(壬戌)의 술(戌)대운에서 토가 들어오고 신유(辛酉) 대운부터 금이 들어와 경신(庚申), 기

미(己未), 무오(戊午), 정사(丁巳), 병진(丙辰)으로 금과 토 그리고 화가 연달아 들어오고 있다. 20대부터 인생이 잘 풀린 사주라 할 수 있다.

[재물운] 사주에서는 정재와 편재의 재가 재물이다. 이 사주는 신금(辛金) 일간이다. 따라서 재는 목이 된다. 일지가 묘목(卯木)으로 편재이니 재물을 깔고 앉아 있는 사주가 된다. 월 천간의 갑목(甲木)과 연지(年支)의 인목(寅木) 도 정재로 모두 재이다. 사주에 돈이 많다. 대운이 좋게 진행이 되면 돈복이 많은 사주가 된다. 그런데 대운이 임술(壬戌)의 술(戌)과 신유(辛酉) 대운부터 죽을 때까지 좋은 진행을 보여주고 있다. 사업을 하는 배우자를 만나 돈 걱 정 없이 일생 주부로 살았다.

[애정운] 여성의 사주에서 정관과 편관인 관이 남편이나 남자가 된다. 이 사주는 신금(辛金)의 여성 사주로서 관은 화(火)가 된다. 시 천간의 정화가 정 관으로 배우자가 된다. 그런데 이 사주는 겨울철 사주라 화가 좋은 작용을 한다. 그래서 정화, 즉 정관으로 남편 복이 있는 사주이다. 정화는 일지와 연지, 월 천간, 목으로부터 생을 받아 튼튼하다. 목은 재이고 화는 관이다. 따라서 관, 즉 남편이 돈을 바탕으로 왕성한 작용을 하고 있으니 배우자복 이 좋다. 하지만 일지의 묘(卯)와 월지의 자(子)가 자묘(子卯) 삼형살이다. 이 삼형살은 구설이 생기고 질병이 생길 수 있다. 배우자 자리에 삼형살이면 이혼도 할 수 있다. 겉으로는 배우자복이 좋아 보이지만 말 못할 속앓이를 하면서 살았고 남편의 출장이 잦아 떨어져 살던 날이 많았다.

[직업운] 신금(辛金) 일간으로 그 세력이 쇠하다. 정인과 편인인 토(土)나 비견이나 겁재인 금(金)이 용신이며 이를 직업으로 사용해야 한다. 또 조후의 작용으로 화, 즉 정관을 직업으로 사용해도 된다. 실제로 이 사람은 결혼 전에는 행정직 공무원으로 일했고 결혼 후에는 주부로 일생을 살았다.

[건강운] 신금(辛金) 일간이 세력이 쇠하다. 전반적으로 조금 허약체질이다. 그런데 사주에 오행이 모두 들어 있다. 또 대운은 말년까지 좋게 진행되고 있다. 그래서 허약하기는 하지만 큰 병이나 큰 탈 없이 일생을 살았다. 하지만 일지의 묘(卯)와 월지의 자(子)가 삼형살이다. 월지는 생식기에 해당하고 일지는 허리나 관절에 해당한다. 그래서 관절과 허리 질환, 약간의 산부인과 질환으로 고생을 조금 했다.

[자식운] 여성의 사주에서는 남성과 달리 식신이 딸이고 상관이 아들이다. 신금 일간에서는 식신과 상관이 수이다. 그런데 이 사주에는 자(子)수 하나만 있다. 자수는 식신으로 여성에게는 딸이니 딸만 하나를 두어야 한다. 그런데 실제로는 아들이 둘이다. 이런 경우처럼 자식문제는 혼자만 봐서는 안 된다. 자녀를 함께 만들고 키우는 부부가 함께 봐야 알 수 있다. 실제로 남편의 사주에는 아들이 2명 있었다.

[성향] 신금(辛金) 일간이다. 10간의 성향에서 보면 신금은 자존심이 강하고 남에게 지는 것을 싫어하고 자신의 주장이 강하다. 또 예민하다. 더불어

깔끔한 것을 좋아하고 원칙적이며 규칙적인 삶을 살고자 한다. 그런데 똑똑하고 사회적으로 성공한 남편과 살면서 자신의 주장을 한 번도 내세우지 못했기 때문에 자신의 본성과 다르게 사느라 마음고생이 상당히 심했다. 하지만 사주에 오행이 모두 들어 있어 어느 정도 융통성도 있고 소통이 되는 성향을 띠고 있다.

[행운] 화(火), 토(土), 금(金)이 용신이므로 운동은 걷는 것이나 뛰는 것이 좋고 무용도 좋다. 방향은 화의 방향은 남쪽, 토는 중앙, 금은 서쪽이 좋다. 색상은 화의 붉은색, 토의 황토색, 금의 흰색 계열이 좋다. 금이 용신이니 철분이나 칼슘성분의 음식을 섭취하고 흙에서 자라난 것 중 단백질이 많은 것이 좋다. 화가 용신이니 가능한 모든 음식은 익혀 먹는 것이 좋다.

[올해의 운세] 올해의 운세를 보기 전에 먼저 어느 대운에 들어와 있는가를 살펴봐야 한다. 지금 병진(丙辰) 대운에 들어와 있다. 병진 중에서 병(丙) 대운이다. 병(丙)은 관의 대운이다. 이 사주에서 화, 즉 관은 조후의 희신으로 대운에서는 남편이나 집안에 좋은 일이 생기는 대운이다. 그런데 병화는 신금과 합을 하여 일간이 수로 바뀌게 되니 오히려 남편이나 집안에 안 좋은 일이 생길 수 있다. 또 일간이 합이 되어 수로 바뀌니 정신분야나 뇌 분야, 혈압 분야 등에서 건강이 나빠질 수 있다. 또 몸에 수술을 할 일이 생길 수도 있다. 2015년 올해는 을미년이다. 을목(乙木)은 재로서 역시 기신이다. 올해는 돈이 나갈 수 있다. 하지만 지지의 미토(未土)는 이 사주에 필요한 용신이기에 좋은 작용을 한다. 지지는 건강, 가정이다. 따라서 건강 문제로 돈

이 나가지만 건강을 회복할 수 있고, 돈을 쓸 일은 생기지만 집안에 좋은 일이 생길 수도 있다. 또 토는 편인으로 배우는 것이기에 새로운 취미생활을 시작할 수 있고, 그래서 지출이 생길 수 있다. 종합적으로 올해의 운은 반길반흉이라 하겠다.

> **TIP** 위의 예시 중 출처가 없는 것들은 필자가 실제 상담한 명조들을 바탕으로 공부하기 쉽게 사주의 이론에 맞춰 재편성한 것임을 밝힌다.

3장

소리의 도

성명학

01

성명학이란 무엇인가?

이름에도 종류가 있다?

우리가 살고 있는 세계의 모든 사물에는 각자만의 고유한 이름이 있다. 이름이란 사물에 부여된 명칭으로 사물을 바르게 이해하기 위한 첫 단계와 같다. 사람에게도 세상에 태어나면서 하나의 이름이 붙여진다. 그리고 한 사람과 하나의 이름은 태어나 죽을 때까지 맺어진다. 남과 나를 구분 짓게 하는 이름은 단순한 글자 이상의 의미가 된다. 이름은 그 사람과 함께 오랜 시간을 함께 하면서 그의 인격을 담게 되니 마치 분신과도 같다. 더 나아가 이름은 육신과 달리 생명이 사라진 다음에도 소멸하지 않는다. 호랑이는 죽어서 가죽을 남기고 사람은 죽어서 이름을 남긴다는 옛말이 있듯이 말이다.

먼저 이름의 종류와 정확한 뜻에 대해 알아보자. 우리는 흔히 이름과 성명 정도로만 알고 있지만 옛 사람들은 여러 가지 이름을 두고 썼다.

① 이름

다른 것과 구별하기 위해 사물, 단체, 현상 따위에 붙여서 부르는 말이다. 한자로는 명(名)이라 한다. 또 이름은 '어떤 일이나 하는 짓에 특별한 데가 있어 일반에게 불리는 일컬음'을 뜻하기도 한다. 세상에 알려진 평판이나 명성으로 명예(名譽)와 같이 쓰이기도 한다. 어원은 니르다 → 이르다 → 이흠 → 이름으로 그 시대에 따라 바뀌어 왔다.

② 성명(姓名)

성과 이름을 말하며 성은 가계(家系)의 이름, 명은 개인의 이름을 뜻한다.

③ 아명(兒名)

태어나면서 가족들 사이에서 불려지는 이름으로, 옛 사람들은 천박한 이름이 오래 산다고 믿었다.

④ 아호(雅號)

문인이나 예술가들의 호나 별호를 높여 이르는 말이다.

⑤ **자(字)**

본명을 대신해 가까운 친구나 이웃들이 허물없이 부르는 이름으로 화려하게 짓는다.

⑥ **택호(宅號)**

혼인을 한 사람을 구별하기 위한 이름이다. 주로 시집을 온 여자에게 시집어른들이 부르기 좋도록 지어주었다.

⑦ **호(號)**

남자에게는 호, 또는 아호가 주어지고 여자에게는 당호가 주어졌다. 학문과 덕행이 높아 이웃에 널리 알려지고 존경을 받게 되면 호를 얻게 된다. 가까운 친구가 지어주기도 하고 때로는 스스로 짓기도 한다. 호는 남이 짓는 경우 화려한 것이 보통이고, 본인이 짓는 경우 스스로를 낮춰 부르거나 자신의 뜻을 담는 것이 보통이다.

⑧ **시호(諡號)**

높은 벼슬을 하거나 나라에 공로가 있는 사람이 죽었을 때 나라로부터 받는 이름이다. 시호는 관청에서 업적을 논한 뒤 짓거나 왕이 직접 내렸다.

⑨ **별명(別名)**

사람의 외모나 성격 등의 특징을 바탕으로 남들이 지어 부르는 이름이다. 별호(別號)라고도 한다.

⑩ 법명(法名)과 세례명(洗禮名)

종교 단체에서 사용하는 이름이 있다. 불교에 입문하여 얻는 것은 법명이라 하고 천주교에서 얻는 이름은 세례명이라 부른다.

이 밖에도 예명(藝名), 가명(假名), 필명 등 직업과 관련해 여러 이름이 사용된다. 여러 형태의 이러한 이름들은 불려지고 부르기 때문에 운명에 영향을 미친다. 또 쓰기 때문에 운명에 영향을 미친다. 게다가 이름은 누군가에게 인식되는 것이기 때문에 운명에 영향을 미친다. 그래서 '이름은 영혼이 입는 옷'이라는 말이 있는 게 아닐까. 아무리 훌륭한 인격과 뛰어난 능력을 지니고 있는 사람이라 할지라도 이름이 천박하거나 어리석다는 느낌이 들면 사람들에게 제대로 자신을 전달하기 어렵다. 사람들은 우선적으로 이름을 통해 상대를 판단하기 때문이다.

미국의 육아전문잡지 〈베이비센터〉는 부모 중 58퍼센트가 "이름이 자녀의 성공에 영향을 미친다"고 믿고 있으며, 이 중 10퍼센트가 비용을 들여 작명을 한다고 전했다. 우리나라는 70퍼센트 이상이 이름이 중요하다고 생각하며 살고 있다. 그러나 실제로 자기 자신의 이름이 어떠한지는 잘 인식하지 못하며 산다. 그 이유는 무엇일까? 아마도 성명학의 역사에서 비롯되지 않았을까 한다. 사실 우리가 이름을 중요하게 생각한 것은 그리 오래되지 않았다. 지금과 같은 한자식 이름이 보편적으로 사용된 것도 100여 년에 불과하다. 옛날 옛적 우리나라 사람들은 고유의 토속어로 이름을 만들어 사용했다. 그러다가 통일신라시대 무렵에 한자가 유입되고 성(姓)이 보급되자 지배층에서 중국식 한자성명을 만들어 쓰게 됐다. 한자식 이름은 고려 때 귀족과 관료 계급으로 널리 퍼지게 되었고 조선시대에 이르러서는 지배 계층 전반에서 사용됐다. 그러나 피지배계층의 대부분은 여전히 성이 없이 이름만 쓰는 경우가 많았다. 1910년에 발행된 민적부(民籍簿, 일제강점기 때 일본이 우리나라 국민의 이름을 한자로 바꾸어 기록해 놓은 호적대장)를 보면, 이 당시만 해도 우리나라 전체 인구 가운데 성이 없는 이들이 80퍼센트가 넘는다. 그러니 따지고 보면 지금처럼 성과 이름을 한자로 짓고 사용하게 된 것은 근대 이후가 된다. 따라서 한자 이름의 보편화와 그 역사를 같이 하는 성명학도 제대로 연구될 시간적, 환경적 여유가 많지 않았음을 알 수 있다. 때문에 다른 명리학에 비하면 그 역사와 이론적 토대가 미약한 게 사실이다.

한민족 성(姓)의 비밀

《한국의 성씨와 족보》를 쓴 족보연구가 고(故) 이수건 교수는 "성은 혈족 관계를 표시하기 위해 만들어졌지만 그것이 언제부터 생겼는지는 자세히 알 수 없다"고 했다. 이미 인류사회가 시작된 원시시대부터 혈족을 뜻하는 성에 대한 관념을 가지고 있었다고 추정한다는 것이다. 동양에서 처음 성을 사용한 나라는 중국이었는데, 중국에서는 거주하는 지명이나 산, 강의 이름을 성으로 삼았다.

우리의 성씨도 모두 한자를 사용하고 있으니 당연히 중국의 영향으로 만들어졌다. 때문에 중국이 시조인 성이 많다. 신라의 박(朴), 석(昔), 김(金) 3성과 이(李), 최(崔), 정(鄭), 손(孫), 배(裴), 설(薛) 등 6성 및 기타 왕실과 귀족들의 성을 제외하면 나머지는 모두 고려 초기에 중국에서 들어온 것이다. 그러나 16세기 전까지만 해도 한반도 인구의 40퍼센트는 천민층이었고 10퍼센트만이 양반이었다. 또 이 시기 이전에는 자식이 없어 가계단절도 많이 일어났다고 한다. 때문에 족보란 왕족과 귀족들을 위한 것에 지나지 않았다. 그러던 게 17세기 이후부터는 족보가 변질되기 시작했고 18세기와 19세기에는 위조된 족보가 범람했다. 혈연과 지연을 중심으로 족보가 만들어지고 고쳐지기 일쑤였다. 특히 조선후기에서 일제시대 때 창간된 족보는 충분한 고증을 하지 않거나 성관과 조상이 조작된 것이 대부분이었다.

이수건 교수는 한국의 성씨 제도가 중국의 영향을 받았지만 자세히 분석해보면 중국이나 일본에 비해 성씨 체계가 특이하고 성명의 구성이 복잡한 점 등 한국 고유의 특징이 있다고 주장했다. 신라 말기에 당나라의 영향으로 들어와 귀족에게 먼저 보급된 한국의 성씨는 당대에는 일종의 귀족 특권 표식이나 다름없었다. 게다가 사람과 혈통의 표시에 끝나지 않고 친족제도와 함께 도덕과 관습이 되었으며 혈연 귀속의식이 강하게 나타났다. 호적에 본관을 써넣어서 부계 혈통을 밝힌다는 점, 동성동본 간의 혼인금기를 적용한다는 점, 문중에서 족보를 편찬한다는 점, 또 이름을 지을 때 항렬을 따져 넣는다는 점 등도 한국만의 특징이다. 성씨와 본관의 제도는 족보라는 문화형태를 만들었는데, 우리나라에서는 주로 양반의 집안임을 증명하기 위해 족보를 만드는 경우가 많았다. 그러나 조선조 전기에 천민층이 전체 인구의 절반을 차지했다는 점을 비춰보면 이제 와서 조상의 가문과 양반 신분을 거론한다는 것은 별 의미가 없다고 볼 수 있다.

성명학(姓名學)의 종류

앞서 말했듯 성명학은 사주, 관상, 풍수 등과 달리 역사와 연구가 깊지 않다. 고전적인 원서가 따로 없고 사료나 자료 역시 빈약한 상태다. 때문에 성명학은 다른 명리학과 서로 연관성을 가지고 발전해왔다. 특히 사주명리학과 단단히 밀착되어 있는데 성명이 사람이 입고 있는 옷에 해당한다면, 사주는 그 사람의 몸과 같다고 보았다. 또한 이름은 그 사람의 표면이고 사주는 그 사람의 내면으로 보았다. 이 2가지가 모여 온전한 한 사람을 만들어내는 것이다. 따라서 성명학은 수리학과 음양오행을 이론적 바탕에 두고 그 사람이 태어난 생년, 생월, 생일, 생시의 사주를 기본으로 작명하게 됐다. 이름 속에 들어 있는 기운을 해석하고 그 이론을 바탕으로 작명을 연구한 것이다.

성명학에는 가장 대중적인 수리성명학과 음령오행(陰靈五行, 소리를 오행으로 해석하는 방법) 성명학, 사주성명학이 있다. 수리성명학은 성과 이름을 원형이정 4개로 나누어 획수를 적용하는 것을 말한다. 음령오행 성명학은 발음되어 나오는 것을 오행으로 나누어 오행의 상생상극에 따라 길흉화복을 정하는 것이며, 사주성명학은 사주와의 조화를 이루도록 작명하는 방법을 말한다. 각각의 자세한 작명 원리는 뒤에서 다시 살펴보도록 하겠다.

오늘날에는 성명학이 운명을 예측하는 방법 중 하나로 탄탄한 자리를 잡고 있다. 성명학이 여타 다른 명리학과 같은 운명예측술의 한계를 극복하고 있기 때문이다. 사람의 운명을 결정짓는 것에는 선천적인 요소와 후천적인 요소가 있다. 선천적인 것이 운명이라면 이름은 후천적으로 부여받는 것이다. 만약 선천적인 운명의 흐름에 문제가 있다면 이를 보완하고자 하는 뜻에서 좋은 이름을 지을 수 있다. 반대로 선천적인 운명의 흐름이 좋다고 할지라도 좋은 이름을 지어 모든 일에 복을 더할 수 있도록 한다는 의미가 있다. 좋은 이름은 우리가 알지 못하는 사이에 우리의 운명과 삶에 많은 영향을 미치고 있다는 전제를 가지고, 좋은 이름을 지어 부귀영화와 무병장수를 누리도록 하자는 것이 바로 성명학이다.

이는 사주나 관상처럼 타고난 것이 이미 나의 운명을 결정지었다고 보는 운명결정론과는 다르다. 성명학은 이름을 자기에 맞게 짓거나 고쳐 복을 부르고 운을 좋게 만들 수 있다. 이것이 곧 성명학의 장점이며 성명학을 배우는 목적이다.

성명학과 공자의 정명(正名) 사상

작명은 사람이 태어난 생년, 생월, 생일, 생시의 사주를 분석한 뒤에 그에 맞춰 신생아의 이름을 짓는 것을 기본으로 한다. 사람의 운명의 입장에서 보면 사주와 이름은 표리(表裏, 겉과 속)의 관계다. 이름은 불러주어야 하니 겉이고, 사주는 풀어야 알 수 있으니 속이 된다. 겉과 속은 모두 동등하게 중요하다. 이러한 작명의 이치는 공자의 정명(正名)사상과 연결된다.

유가의 정명주의(正名主義)는 유가학설의 중심적 사상이다. 정명이란 '각자의 지위를 바르게 한다'는 뜻이다. 임금과 신하(군신, 君臣), 아버지와 아들(부자, 父子)가 각자 자기의 명분을 지키고 침범하지 않으면 사회질서가 확립된다는 생각이다. 더 나아가 천자(天子), 제후(諸侯), 대부(大夫), 서인(庶人) 모두가 자기의 직책에 맞게 모든 힘을 쏟아야 한다고 말한다. 그런 공자가 말하길, 정치를 하는 데 있어 가장 먼저 이름을 바르게 해야 한다고 주장했다. 이름이 바르면 그 이름에 맞게 사람들이 위치하게 되고, 그 위치에 맞게 행동하며, 그렇게 되면 모든 것이 올바르게 된다는 것이다. 따라서 모든 것의 기초는 정명(正名)이라 하고 정명의 중요성을 강조했다. 물론 공자의 정명사상이 명리학에서의 성명을 두고 한 말은 아니다. 하지만 넓게 생각해보면 그의 정명사상이 성명학과 자연스레 연결된다는 것을 알 수 있다.

꽃

— 김춘수

내가 그의 이름을 불러주기 전에는
그는 다만
하나의 몸짓에 지나지 않았다

내가 그의 이름을 불러주었을 때
그는 나에게로 와서
꽃이 되었다

내가 그의 이름을 불러준 것처럼
나의 이 빛깔과 향기에 알맞는
누가 나의 이름을 불러다오
그에게로 가서 나도
그의 꽃이 되고 싶다

우리들은 모두
무엇이 되고 싶다
너는 나에게 나는 너에게
잊혀지지 않는 하나의 눈짓이 되고 싶다

　한 번쯤 들어봤을 김춘수 시인의 〈꽃〉이다. 춘추시대의 공자로부터 현
대의 한국 시인에 이르기까지, 인간의 삶에서 이름이란 얼마만큼 중요한 자
리를 차지하고 있는지를 알 수 있다. 이름은 그 사람을 연상하게 하고 평가
하는 척도가 된다. 그 사람에 대한 상징 이상의 것을 내포하고 있다. 느낌,

기억, 위치, 직업, 장소, 주변 환경 등 그 사람의 모든 것에 대한 대표성을 가진다. 이러한 이름을 지을 때에는 사주를 바탕으로 음양오행과 한자의 뜻, 획수 그리고 소리를 이용하여 짓는다. 더 나아가 이런 방식은 지명, 제품명, 상호명, 회사명, 단체명 등을 지을 때도 적용할 수 있다.

02

좋은 이름, 나쁜 이름 따로 있다!

운명에 복을 더하고 덜어내는 이름

우리는 일상에서 이름을 부르고, 듣고, 서류에 이름을 쓰고, 서류의 이름을 보면서 사회생활을 한다. 그런데 말이나 글의 언어에는 기(氣)가 흐르고 있다. 실제 소리에 좋은 기운과 나쁜 기운이 있다는 것은 여러 실험 결과를 통해 밝혀진 사실이다. 예를 들어 꽃에게 지속적으로 좋은 음악을 들려주고 사랑한다는 말을 들려주면 그 꽃은 건강하고 향기롭게, 오래 살게 된다. 반대로 소음이나 듣기 거북한 소리가 나는 곳에서 꽃을 키우면, 오래가지 않아 시들어 버리고 만다. 비단 꽃뿐만이 아니다. 어항 속에 있는 물고기에게 똑같은 실험을 했을 때에도 동일한 결과를 얻을 수 있었다. 이렇게 생물에게는 좋은 기운이 작용하는 소리와 나쁜 기운이 작용하는 소리가 틀림없이 존재한다. 공기 중에는 기가 흐르고 있는데 듣기 좋고 기분 좋은 말을 할 때에는 좋은 기운이 흐르게 되는 것이다.

마찬가지로 사람에게 좋은 이름을 불러주면, 우리의 머리와 몸과 마음속에 맑고 깨끗한 건강하고 좋은 기가 축적된다. 그래서 몸과 마음이 상쾌해지고 건강해지며 자신감이 생기고 긍정적으로 살게 된다. 이런 변화로 인해 매사에 좋은 결실을 거둬 성공적인 삶을 살아갈 수 있게 된다. 하지만 반대로 나쁜 기운이 감도는 흉하고 천한 이름을 불러주면 악한 기(氣)가 축적된다. 그래서 건강을 잃게 되고 의욕이 없고 무기력해지며 대인관계도 꼬이고 하는 일마다 실패를 겪게 된다. 때문에 몸도 마음도 힘이 들고 고단하고 어려운 삶을 살게 되어 건강도 나빠지고 곤궁해진다.

공기 속에는 좋은 소리와 나쁜 소리가 공존한다. 우리가 사용하는 말, 이름에도 좋은 운을 불러오는 이름이 있는가 하면, 그와 반대로 나쁜 운을 불러오는 이름이 있다. 어차피 짓고 불러야 할 이름이라면 나쁜 기운을 피하고 좋은 기운이 들어오는 이름을 짓는 것이 현명한 방법이 아니겠는가.

좋은 이름의 조건

① 이름은 부르기 쉽고 듣기 좋아야 한다

이름을 불렀을 때 불안하거나 기분 나쁜 느낌을 주거나 우습게 들리거나, 좋지 않은 것이 연상되면 안 된다. 그런 이름은 좋은 운을 하락시키고 나쁜 운을 증가시킨다. 성공보다는 실패하게 되고 기쁨보다는 슬픔이 많아지고, 행복하기보다는 불행할 가능성이 높아진다. 예를 들어 '고민녀'라는 이름을 가졌다면 어떤 일이 벌어질까? 일상적으로 고민이라는 이름을 부르거나 듣게 된다. 주변에서는 고민이 많은 사람으로 여기게 되고 거기에 따른 불이익도 생길 것이다. 만약 '나병자'라는 이름일 경우는 어떨까? 몸이 허약하고 병이 든 사람이라는 부정적인 선입견을 심어준다. 어린 시절에는 전염병이 옮을까 가까이 하기 싫다는 주변의 놀림이 되기도 했을 것이다. 자연히 인간관계에서 위축되고 원만한 사회생활을 유지하기도 어려울 수 있다. 또 '강도범'이라는 이름은 어떨까? 강도와 도둑이 자연스럽게 연상되는 이 이름으로 사회생활을 하기는 어려울 것이다.

② 남자 이름은 남자답게, 여자 이름은 여자답게!

간혹 중성적인 이름이 인기를 얻기도 하는데, 남자의 이름은 남자답게 여자의 이름은 여자답게 짓는 것이 더 좋다. 남자 이름을 여자처럼 지어 부를 경우에는 남녀의 성별이 혼란스러워질 수 있다. 더욱이 서류로만 그 사람을 대할 경우 성별이 모호해지는 현상은 더 심해질 것이다. 잘못하면 남자를 여자로 오인하거나 여자를 남자로 착각할 가능성이 높아진다. 때문에 이런 오인이 불이익으로 돌아올 수도 있다.

③ 이름은 품위가 있어야 한다

조선시대까지만 해도 임금에게 이름을 하사받는 것은 가문의 영광이요, 개인에게는 일생의 기쁨으로 여겼다. 반대로 대부분의 사람들은 성도 없이 이름으로만 불리기 일쑤였다. 거기다 이름은 천하게 지어야 장수한다고 해서 쇠돌이, 개똥이, 바우, 말자, 점순과 같은 이름이 비일비재했다. 사실 이런 이름을 가진 사람들이 실제로 출세를 하고 장수했는지에 관해 조사한 연구는 없다. 하지만 실제로 이런 이름을 가진 사람을 존경하고 싶은 마음이 생기기는 힘들 것이다. 반대로 이름이 천하니 상대를 천하게 여기게 되고 함부로 대할 가능성이 높다. 그렇다면 사회생활에 있어 이익보다는 불이익이 많아질 것이고 사회적으로 성공하기보다 실패를 하기 쉽다. 결과적으로 가난하고 천하게 살 가능성이 높다. 가난하면 질병에 잘 걸리고 몸이 상하면 고치기 어려워 장수하기보다는 단명할 가능성이 많다. 호랑이는 죽어서 가죽을 남기고 사람은 죽어서 이름을 남긴다고 했는데, 만물의 영장인 사람의 이름이 빈천해서야 될 일인가. 당연히 사람의 이름은 품위가 있어야 성공하고 출세할 수 있다.

④ 좋은 뜻이 있어야 한다

우리나라의 작명 방법은 한글의 소리와 한자의 뜻을 합쳐 이름을 짓는 것이다. 한글 소리에도 뜻이 있지만 뜻이 담긴 것은 거의 한자라 할 수 있다. 이름의 뜻으로는 발전적, 희망적, 긍정적, 미래지향적이고 성공을 뜻하는 것으로 지어야 좋다. 예를 들면 '서정(栖政)'이라고 이름을 지었다고 하자.

살 서(栖)와 바르게 할 정(政)을 써서 '바르게 산다'는 뜻이 되어, 이름이 긍정적이고 희망적인 뜻을 갖는다. 또 '동리(東里)'라는 이름은 해뜰 동(東), 마을 리(里)를 써서 '해 뜨는 마을'이 된다. 발전적이고 희망적이며 미래지향적인 뜻을 갖고 있다. 반대로 '우석(愚石)'이라고 이름을 지었다고 하자. 어리석을 우(愚), 돌 석(石)을 쓰니 '어리석은 돌'이 된다. 그러면 일생 어리석게 행동하고 살아간다는 뜻이 되니 운에 좋은 영향을 주지 못한다. 얼마 전 한글 이름이 한창 유행한 적이 있었다. 당시 한 여자 아이의 이름을 예쁘게 짓겠다는 생각에 노씨 성을 가진 부모가 아이의 이름을 을이라 붙여 '노을'이라는 이름을 지었다. 갓 태어난 신생아에게 저녁노을이란 이름은 맞지 않는다. 살아보지도 않은 신생아가 늙음의 뜻을 가진 이름을 갖게 된 셈이다.

03

이름을 지을 때
조심해야 할 한자

사람의 이름에 사용할 수 있는 한자는 2014년까지는 5,761자였는데, 올해 2,381자가 추가되어 2015년부터는 총 8,142자로 확대되었다. 아무리 좋은 뜻을 가진 한자라 하더라도 대법원에서 지정된 8,142자에 해당되지 않으면 이름으로 사용할 수 없다. 이름에 사용할 한자를 선정하는 데에는 몇 가지 기준이 있다.

첫째, 획수가 많은 한자는 피한다. 둘째, 어려운 한자를 피하고 쉽고 뜻이 좋은 한자를 사용한다. 셋째는 어조사나 전치사, 부사 등으로 사용되는 한자를 가능한 피한다. 넷째는 흉(凶), 망(亡), 사(死), 살(殺), 고(苦), 후(後), 종(終), 말(末), 소(小), 사(四) 등과 같은 뜻이 나쁜 한자를 사용하지 않는다. 다섯째는 동물, 산천초목, 사람의 신체부위를 나타내는 한자는 피한다. 예를 들면 견(犬),

계(鷄), 조(鳥), 견(鵑), 어(魚), 봉(蜂)이나 육(肉), 체(體), 족(足), 이(耳)와 같은 한자를 말한다. 동물의 한자로 이름을 지을 경우 그 이름으로 불리는 사람은 그 동물과 같이 된다는 속설 때문이지만 어쨌든 좋지 않다고 보아야 한다.

또한 불용문자(不用文字)라 하여 이름에 쓰지 않는 한자가 있다. 통계상 불길한 운을 초래한다 하여 쓰지 않는 문자인데 그 근거는 확실하지 않다. 오히려 사주를 바탕으로 작명을 하는 것이 작명의 기본임을 돌이켜보면 불용문자에 너무 구애 받을 필요는 없다.

민(敏), 구(龜), 이(伊), 애(愛), 휘(輝), 승(勝), 호(虎), 학(鶴), 장(長), 대(大), 신(新), 진(眞),
복(福), 자(子), 효(孝), 신(伸), 상(上), 태(泰), 동(東), 천(千), 완(完), 희(喜), 원(元), 길(吉),
남(南), 희(姬), 홍(紅), 호(好), 순(順), 지(地), 월(月), 하(夏), 동(冬), 용(龍), 동(童), 광(光),
천(川), 천(天), 일(日), 성(星), 춘(春), 추(秋), 화(火), 산(山), 설(雪), 소(笑), 석(石), 영(榮),
은(銀), 송(松), 미(美), 법(法), 도(桃), 매(梅), 실(實), 초(初), 철(鐵), 국(國), 인(仁), 옥(玉),
부(富), 녀(女), 명(明), 한(韓), 광(鑛), 죽(竹), 진(進), 평(平), 양(良), 문(文), 말(末), 유(留),
상(霜), 풍(豊), 귀(貴), 진(珍), 금(錦), 국(菊), 경(庚), 주(柱), 우(隅), 살(殺)

이들 불용문자 중에서 특히 여자의 이름에 정(貞), 춘(春), 미(美), 추(秋), 국(菊), 매(梅), 란(蘭)은 사용하지 않는다. 국(菊), 매(梅), 란(蘭)은 기생의 이름에 자주 사용하는 문자라 여염집에서는 사용하지 않았고, 정(貞)은 '여자의 절개'라는 뜻이 있다는 이유로 불용문자로 다뤄졌으나 오늘날의 상식으로는 비논리적이다. 또 천(天)과 일(日)은 천자나 제후들만 사용할 수 있는 문자라 하여 일반인에게는 금지되었다. 현대는 국민이 왕이고 국가의 주인이다.

그러니 오늘날에는 작명에 사용해도 상관없다 할 것이다.

숫자, 오행, 10간과 12지의 한자도 이름에 사용치 말라고 했다. 예를 들면 기(己), 천(千), 미(未), 토(土) 등이다. 천(千)은 '많다'는 긍정적인 뜻이 있는데 동일한 발음의 천(天)이 왕이 사용하던 한자라 일반인에게는 금기가 된 것에서 유래한다. 따라서 누구나 지도자가 될 수 있는 오늘날에는 사용해도 무방한 한자다. 또 사주에서 토(土)가 필요할 경우라면 기(己)를 사용해도 된다.

또한 자신의 성과 같은 한글 음이나 같은 한자는 피한다는 법칙이 있다. 그러나 이 역시 오늘날에는 사용해도 무방한 것으로 본다. 예를 들어 '정희정(鄭熙精)'이라는 이름은 성의 정(鄭)과 이름의 정(精)이 동음어이다. 이렇게 성과 이름이 같은 발음이 나는 것을 예전에는 좋지 않은 것으로 보았지만 오늘날에는 그렇게 해석하지 않는다. 그러나 '정정희(鄭精熙)'라고 지어 성과 이름의 첫 글자가 같아지면 발음하기에 좋지 않으니, 이럴 경우는 사용하지 않는 것이 좋다.

이런 한자는 피해야 좋다

마지막으로 한자에서 차서(次序)에 따라 사용하지 않는 글자를 소개한다.

① 장남에게만 쓰는 글자

일(一), 일(壹), 장(長), 시(始), 초(初), 맹(孟), 선(先), 종(宗), 갑(甲), 자(子), 인(寅), 전(前), 천(天), 상(上), 고(高), 수(首), 두(頭), 원(元), 인(仁), 동(東)

이 한자들은 차남과 그 이하에게는 쓰지 않는 글자다. 모두 첫째라는 뜻을 가지고 있기 때문이다. 하지만 요즘에는 자녀를 한 명만 두는 가정도 많아졌기 때문에 별 의미가 없어졌다. 따라서 꼭 자녀의 순번에 맞춰 글자를 사용할 필요가 없어진 것이다. 사주와 작명법에 맞춰 좋은 이름이라면 사용해도 된다.

② 차남 이하에게만 쓰는 글자

이(二), 이(貳), 삼(三), 삼(參), 중(仲), 중(中), 이(季), 차(次), 재(再)

이 한자들은 장남에게는 쓰지 않고 둘째 이하의 자녀에게만 쓰는 글자다. 모두 둘째나 셋째라는 의미가 들어 있기 때문이다. 따라서 장남과는 뜻이 맞지 않는다. 아들이 2명이라면 장남에게는 사용하지 않는 것이 좋다. 그러나 사주나 기타 작명법에 맞춰 꼭 필요한 글자라면 사용해도 무방하다.

③ 남성에게, 여성에게 사용하면 안 되는 글자

남성에게는 여성의 뜻을 나타내는 글자, 예컨대 곤(坤), 지(地), 녀(女), 희(姬) 등의 글자를 사용하면 안 된다. 그리고 여성에게는 남성의 뜻을 나타내는 글자인 남(男), 상(上), 천(天), 갑(甲) 등의 글자를 사용하면 안 된다.

나쁜 이름의 조건

반대로 나쁜 이름의 조건도 있다.

- 생년월일시의 사주와 관계없이 임의로 작명하여 사주와 조화를 이루지 못한 이름
- 성과 이름이 한글 음령오행으로 발음이 상생되지 않고, 상극으로 되어 있을 경우
- 주역의 원형이정에 맞추지 않고, 81획 숫자 중에서 나쁜 수리의 획수로 작명한 이름
- 발음하기가 어렵고 기억이 잘 되지 않는 이름, 또는 천박하거나 남에게 놀림을 당하는 이름
- 남성에게 붙여진 여성적인 이름, 반대로 여성에게 붙여진 남성적인 이름

04

작명의 기본 원리, 수리성명학

'이름효과(Name-Lettet Effect)'라는 말이 있다. 인간이 무의식적으로 자기 이름과 유사한 문자를 가진 직업과 행동을 선택할 가능성이 높다는 것이다. 이는 예일대 심리학과 교수진이 5년 동안 수만 명의 사람을 대상으로 연구한 결과였다. 또한 발음하기 쉬운 이름을 가진 사람들이 승진을 더 빨리 한다는 연구결과도 나왔다. "얼마나 흔한 이름인지 또는 긴 이름인지와는 상관없이 발음하기가 쉽고 편한 이름이 호감을 높이는 기준이 됐다"는 것이다. 이는 성과 이름이 그 자신을 대표하며 타인에게 나를 인식시키는 도구로써 매우 중요한 역할을 한다는 반증이기도 하다.

작명과 사주

여러 가지 작명법 가운데서 태어난 생년월일시의 사주와 조화를 이루는 것은 작명의 가장 기본이다. 그래서 생년월일시에 필요한 용신과 육친관계에서 부모, 형제, 자손, 벼슬, 재물, 건강 등을 살피고 부족한 것을 음양오행과 음령오행으로 보강한다. 또 이름은 태어나서 죽을 때까지 인생의 과정을 상징하는 봄, 여름, 가을, 겨울에 대입한 원(元), 형(亨), 이(利), 정(貞) 사격의 획수가 모두 좋은 획수로 이루어져야 평생 운이 좋다.

이름은 특별한 경우가 아니라면 일반적으로 상생을 기본으로 삼고 작명한다. 상생하는 이름은 삶에 비전이 있고 행복하고 인생이 윤택해진다. 또한 대인관계도 좋아지고 건강은 물론 부귀영화를 누리니 가장 기본적인 작명의 방법이다. 반대로 상극하는 이름은 고난과 역경이 많고 실패와 좌절이 생긴다. 대인관계가 좋지 못하고 건강도 나빠질 수 있으며 삶이 어렵고 힘들어진다. 따라서 특별한 경우가 아니라면 상극을 피하고 상생하는 이름을 지어야 한다.

이름을 지을 때 기본이 되는 4가지 작명법
첫째, 사주에서 용신을 찾고 사주와 용신에 맞춰 조화를 이루어야 한다.
둘째, 한글의 소리에 따른 음령오행이 상생이 되게 맞춘다.
셋째, 주역의 원형이정에 맞추고 81획수에서 길한 수를 찾아서 적용한다.
넷째, 사주에 맞춰 필요로 하는 부수를 적용한다.

이제부터는 수리성명학과 음령오행, 그리고 사주와 이름을 맞춰보는 법에 대해 구체적으로 공부해보자.

81수의 뜻풀이, 수리성명학

수리성명학은 주역의 원형이정의 원리를 성명학에 대입한 것으로 일본의 명리학자 구마사기 겐오가 1930년에 발표한 작명 기법이다. 수는 우주 삼라만상의 근본이라는 전제하에 그 수를 81수로 정한 뒤 이름에 적용된 81개 숫자의 뜻풀이에 따라 운명이 정해진다는 논리인데, 이는 현재 우리나라 성명학에서 많이 사용되고 있는 방법이다. 81수의 기본은 1부터 10이다. 1부터 10까지 수의 뜻을 알면 나머지 81까지의 숫자는 기본 숫자 뜻의 반복과 보충, 그리고 일부에 변화가 있는 것이라 할 수 있다.

1수 : 가장 높은 자리에 있고 더 이상 발전은 없다. 지혜가 있고 권위가 있고 부귀하지만 더 이상 발전할 수 없어 정체되는 시점으로 본다. 반대로 앞으로 무한히 뻗어 나갈 수 있는 발전의 첫 출발로 보기도 한다.

2수 : 2수는 음수이다. 음수는 속을 알 수 없고 정적이고 앞에 나서기를 좋아하지 않는다. 질투와 분열의 수로 좋지 않다.

3수 : 타협이 되고 공존할 수 있는 수이다. 열정적이고 발전적이며 자신감이 강한 숫자이기 때문에 중간에 서서 양쪽을 중재할 수 있는 능력이 있다.

4수 : 죽을 사(死)자와 동음어로서 좋지 않다. 절망, 질병, 고통, 실속 없는 것

등과 관련되어 운이 작용한다.

5수 : 1에서 10까지의 숫자 중간에 위치한다. 오행으로 보면 목(木), 화(火), 토(土), 금(金), 수(水) 의 5가지가 다 완성된 경우다. 그래서 완성, 안정, 중재, 평화, 풍요 등을 상징한다.

6수 : 1에서 5까지 오행의 완성이 이루어지니 6은 10까지 가기 위해 다시 시작하는 숫자다. 중후함, 재도전, 질투, 경쟁, 새출발 등의 의미가 있다.

7수 : 음양오행은 태양과 달, 목성, 화성, 지구, 금성, 수성으로 이루어져 있으니 숫자 7은 태양계 행성들의 완성을 뜻한다. 완성, 행운, 역동, 부활, 번영을 상징한다.

8수 : 밖으로의 활동을 자제하고 안으로 내실을 기하는 숫자다. 단결, 협동, 인내심, 발전을 의미한다.

9수 : 끝수 10으로 가기 전의 숫자다. 모든 것이 이루어지고 쇠락해지는 것으로 허망, 파괴, 노쇠를 상징하나 반대로 풍부한 경험을 가졌으니 지혜가 뛰어나다.

10수 : 모든 것이 끝나는 숫자다. 침체, 절망, 허망함을 나타낸다. 하지만 끝은 다시 재생, 부활, 탄생으로 이어짐을 의미한다.

전체 81수리 해석은 다음과 같다.

● 1획 – 길(吉) – 두령운(頭領運)

모든 숫자 가운데 첫 번째다. 만물이 생성되고 새롭게 시작되는 것으로 발전과 권위를 상징한다. 부귀와 명예를 누리고 장수하는 좋은 운으로 자수성가와 학문적 발전을 가져오는 수다.

● 2획 - 흉(凶) - 재액운(災厄運)

재능은 출중하지만 분산과 불화, 대립을 의미한다. 노력을 하는데 결실을 거두지 못하고 욕망은 강하지만 과욕으로 인해 독선적이 되고 실패하게 된다. 재물과 직업과 가정의 운이 좋지 않아 이별하게 되며 고독하고 또 경제적으로도 어렵게 된다.

● 3획 - 길(吉) - 복덕운(福德運)

음양이 조화되어 안정적이고 지혜롭다. 추진력이 있으며 명랑하고 능력이 있고 대인관계도 원만하다. 조직에서 지도자가 될 수 있으며 명예도 갖추게 되고 성공하는 좋은 운의 수다.

● 4획 - 흉(凶) - 파괴운(破壞運)

숫자가 죽을 사(死)와 동음어이고 음양의 조화가 되지 못한 수로써, 의지가 박약하고 대인관계가 원만하지 못해 하는 일마다 실패한다. 가정의 운도 좋지 못하여 부부 간에 이별수가 있으며 부상을 당하거나 건강이 나빠지는 흉한 수이다.

● 5획 - 길(吉) - 성공운(成功運)

덕망이 있고 지덕을 겸비해 성공한 지도자가 될 수 있다. 재물복이 좋으며 명예도 좋아 부귀영화를 누리게 된다. 부부의 금슬도 좋으며 건강도 좋고 가정도 화목한 수다.

● 6획 - 길(吉) - 덕후운(德厚運)

한마음으로 인내심을 가지니 성공을 하게 된다. 부모님으로부터 재산을 물려받거나 가업을 물려받을 수도 있다. 차분하게 영향력을 발휘하며 자신의 자리를 찾고 확장하게 된다. 명예를 얻고 높은 자리에 오른다.

● 7획 - 길(吉) - 발달운(發達運)

겉으로는 부드럽고 안으로는 강한 외유내강형이다. 적이 없고 대인관계가 넓다. 한

번 마음먹은 것은 꼭 지키고 흔들림 없이 목표에 도달한다. 건강하고 자수성가하여 부귀영화를 누린다.

● 8획 – 길(吉) – 전진운(前進運)

부지런하고 성실하며 강직하다. 인내력이 강하고 초지일관의 정신으로 장애를 극복한다. 결국 목표에 도달하여 성공하게 된다. 자수성가하는 타입이며 건강하고 장수며 복을 누리게 된다.

● 9획 – 흉(凶) – 불행운(不幸運)

하는 일이 곤경에 빠져 실패를 겪게 된다. 몸에 부상이 생기거나 질병이 생기고 단명하는 수가 되기도 한다. 또 일의 중간에 실패해 좌절하거나 포기하게 된다. 가정에 불화가 생길 수 있고 고독하다.

● 10획 – 흉(凶) – 공허운(空虛運)

재능이 많고 출중한 지혜를 가지고 있지만 계획을 세워 실행하는 일에서는 실패하게 된다. 부모님의 복과 덕을 받을 수 없으며 중년에 단명할 수도 있다. 혹은 부부 간의 이별수가 있는 수이다.

● 11획 – 길(吉) – 흥가운(興家運)

착실하고 온건하며 꾸준한 노력을 통해 목표에 도달하게 된다. 집안을 일으키고 부귀하며 편안한 삶을 살게 된다. 지혜가 뛰어나고 사교성이 좋다. 이를 바탕으로 발전하여 높은 지위까지 오르는 좋은 수이다.

● 12획 – 흉(凶) – 박약운(薄弱運)

의지가 약하고 심신이 허약하고 병약하며 일에 있어 처음은 괜찮으나 좋은 결실을 거두지 못한다. 망하거나 크게 어려워지게 되고 배우자와 이별할 수 있으며 가정에 불화가 생기는 수이다.

● 13획 − 길(吉) − 지달운(智達運)

총명하고 지혜가 출중하여 큰일을 완수해 명성을 날리게 된다. 또한 대인관계가 좋
으며 처세술이 뛰어나다. 결국 자신의 목표에 도달하게 되니 성공하고 부귀영화를
누린다. 또한 화목한 가정을 이룬다.

● 14획 − 흉(凶) − 파괴운(破壞運)

의지가 약하여 쉽게 포기한다. 게으르고 하는 일이 실패하니 망하게 된다. 액운이
자주 발생하고 질병이 생기거나 몸에 부상이 생긴다. 구설이 끊이지 않고 관재구설
이 생기는 등 풍파가 많다.

● 15획 − 길(吉) − 복수운(福壽運)

총명하고 지혜로워 홀로 서기에 성공한다. 명성을 얻고 사람들을 이끄는 능력이 있
으며 높은 자리에 오르게 된다. 부귀영화를 누리고 장수하며 복록을 두루 갖추는
좋은 수이다.

● 16획 − 길(吉) − 덕망운(德望運)

성실하고 온건하며 곧고 바른 성품으로 대인관계가 원만하다. 덕망을 갖추니 신임
을 얻어 부귀영화를 누리게 된다. 부부금슬도 좋아 가정은 화합이 잘 되고 행복한
삶을 살게 된다.

● 17획 − 길(吉) − 건창운(健暢運)

강인한 의지와 넘치는 자신감, 지칠 줄 모르는 강직한 성품으로 적극적이고 성실하
게 목표에 도달한다. 권력과 명예를 얻고 대업을 성취하니 많은 사람들로부터 존경
을 받고 부귀를 누린다.

● 18획 − 길(吉) − 발전운(發展運)

의지가 견고하고 성실하다. 총명하고 두뇌 회전이 빠르고 예술적 재능이 뛰어나다.

착실하고 인내심이 있어 순조롭게 발전하여 성공한다. 창의력과 추진력으로 성공하고 부귀하게 된다.

● 19획 – 흉(凶) – 병액운(病厄運)

재주와 지혜가 출중하기는 하나 목표에 도달하지 못하고 일이 중도에 좌절된다. 결국 실패로 끝나니 노력한 대가 없이 헛수고를 하게 된다. 질병이 생기거나 몸에 부상이 생기고 배우자와 이별할 수도 있다.

● 20획 – 흉(凶) – 단명운(短命運)

모든 일에서 노력한 보람 없이 실패로 끝나게 된다. 처음에는 잘 진행되나 중간에 어려워져 좌절하고 실패하여 망한다. 사고나 질병이 생기거나 천재지변 또는 사고로 단명할 수도 있다.

● 21획 – 길(吉) – 두령운(頭領運)

탁월한 지혜와 용기, 정직함을 바탕으로 어려움을 극복하고 성공해 이름을 날린다. 대업을 달성하여 지도자가 되며 부귀영화를 누린다. 일부에서는 여성에게 21수는 두령운이라는 이유로 좋지 않다고도 하지만 오늘날에는 여성에게도 길한 수이다.

● 22획 – 흉(凶) – 박약운(薄弱運)

지혜가 있고 재주가 뛰어나 왕성하게 활동하지만, 때를 제대로 만나지 못해 중도에서 좌절하고 실패해 뜻을 펼칠 수가 없다. 부부 간에 사별이나 이별을 하게 되고 고독하고 가난하게 살 수 있다.

● 23획 – 길(吉) – 융창운(隆昌運)

총명하고 지혜가 뛰어나며 덕과 문무를 겸비한 성품으로 성공과 출세를 누린다. 리더십이 있으니 사람이 따르고 영도적인 인물이 되어 부귀공명을 누리는 좋은 수이다.

● 24획 − 길(吉) − 입신운(立身運)

차분하고 침착하고 성실하다. 인내심이 있어 점진적으로 성공하여 자신의 자리를
만든다. 대업을 성취하고 높은 자리에 올라 부귀영화를 누리고 자손들도 잘 풀려
효도를 받는다.

● 25획 − 길(吉) − 복수운(福壽運)

외유내강의 성격으로 대인관계가 좋으며 실패가 적고 자수성가한다. 대업을 달성
하여 명성을 얻고 부귀하게 된다. 건강하고 편안하며 부부금슬이 좋아 행복한 가정
을 꾸리게 된다.

● 26획 − 중길(中吉) − 만달운(晩達運)

예술적 재주가 뛰어나고 영웅의 기질이 있어 점진적으로 성공하여 부귀영화를 누
린다. 하지만 한순간 모든 것을 잃고 고난에 빠질 수 있다. 좌절과 실패를 겪으며
파란만장한 삶을 살게 된다.

● 27획 − 흉(凶) − 중단운(中斷運)

자아심이 강하고 욕망과 성취욕이 매우 강하다. 재능이 있으며 계획을 잘 세우고
추진력도 뛰어나다. 그러나 중도에 좌절하고 실패한다. 재난을 당할 수도 있고 고
통과 가난과 횡액이 생긴다.

● 28획 − 흉(凶) − 조난운(遭難運)

영웅호걸의 기개가 있지만 하는 일에 풍파가 많아 실패한다. 부모의 덕이 없어 초
년 고생이 있으며 고향을 떠나 타향에서 어려움을 겪는다. 부부 간의 운, 자녀의 운
도 좋지 못한 수이다.

● 29획 − 길(吉) − 성공운(成功運)

원대한 희망과 목표가 있고 이상과 꿈이 높다. 지혜롭고 활동적이며 대업을 완수하

여 성공한다. 권력을 잡아 높은 자리에 오르고 재물도 들어와 부귀영화를 누리고 장수한다.

● 30획 − 중길(中吉) − 부침운(浮沈運)

권모술수가 뛰어나지만 뜬구름과 같아서 재능이 있다 하더라도 헛된 꿈으로 끝나고 목표에 도달하지 못한다. 충동적인 언행을 하거나 일확천금을 꿈꾸며 투기에 빠지기도 한다. 생활이 일정하지 못하고 불안정하다.

● 31획 − 길(吉) − 융창운(隆昌運)

총명하고 지혜와 용기가 있으며 의지가 굳건하다. 통찰력을 지니고 있어 대업을 완성한다. 학문이 뛰어나고 예술적 재능도 있다. 자수성가하고 부부금슬이 좋으며 자녀가 잘 되어 가정이 행복하다.

● 32획 − 길(吉) − 순풍운(順風運)

순풍에 돛을 단 듯 하는 일마다 잘 풀린다. 재물이 들어오고 명예를 얻으며 지위가 높아진다. 인덕이 있어 귀인의 도움도 생기고 만사형통한다. 부귀하고 장수하는 좋은 수이다.

● 33획 − 길(吉) − 승천운(昇天運)

재주가 뛰어나고 덕이 출중하며 진취적인 기상으로 초년부터 발복하기 시작한다. 어린 나이에 성공하니 많은 사람들이 따르게 되어 지도자가 될 수 있다. 예전에는 지도자가 될 수 있는 운이라는 이유로 여성에게는 좋지 않은 수라고 했지만 오늘날에는 여성에게도 좋은 수이다.

● 34획 − 흉(凶) − 파멸운(破滅運)

파멸하는 흉한 수로서 재앙이 생기고 화가 거듭 생긴다. 때문에 파란만장한 일생을 보낸다. 하는 일이 실패하고 관재구설이 생기면서 질병이나 사고가 생기고 단명할 수 있다.

● 35획 - 길(吉) - 태평운(泰平運)

성품이 온순하고 어질어 남과 잘 어울리며 대인관계가 좋다. 문학과 예술적 재능이 뛰어나고 재물운이 좋으며 건강도 좋아서 부귀하고 장수한다. 여성의 경우 현모양처가 된다.

● 36획 - 흉(凶) - 파란운(波瀾運)

의리 때문에 많은 파란이 생긴다. 명석한 두뇌를 갖고 있지만 운이 따르지 않아 실패하고 관재구설이 생긴다. 재앙이 생기니 근심과 걱정이 떠나지 않고 가난한 흉한 수이다.

● 37획 - 길(吉) - 출세운(出世運)

지혜와 용기가 있다. 총명하며 재략이 출중하고 인내심이 있어 어려움을 극복해내 명성과 부귀영화를 얻는다. 충성심이 강해서 윗사람에게 인정받고 대업을 이루니 가정도 행복하다.

● 38획 - 중길(中吉) - 복록운(福祿運)

학문이 뛰어나고 예능 방면에 자질이 있다. 욕심이 없고 평범한 성격으로 문학이나 예술 방면으로 진출하면 성공한다. 하지만 비현실적이고 실천력이 부족하다는 단점이 있다.

● 39획 - 길(吉) - 부영운(富榮運)

인덕이 있고 원만하고 고상한 성격에 대인관계가 좋으니 대중을 통솔할 줄 아는 리더십을 가지게 된다. 관직으로 나가면 고위직까지 올라가고 부귀영화를 누리며 장수와 복록을 얻는다.

● 40획 – 흉(凶) – 파란운(波瀾運)

총명하고 재주가 있으며 임기응변에 뛰어나지만 노력한 일이 수포로 돌아가니 헛되이 실패로 끝난다. 투기성이 강하고 과욕으로 패가망신하는 경우도 있으며 은혜를 베풀어도 배신을 당하는 흉한 수이다.

● 41획 – 길(吉) – 대성운(大成運)

선견지명이 있고 지도자의 인품과 덕성을 갖췄으니 대업을 완수하고 크게 귀하게 된다. 많은 사람들이 따르게 되니 사회적으로 명망이 두텁고 재물이 쌓여 부귀공명한다. 여성은 현모양처가 된다.

● 42획 – 흉(凶) – 고행운(苦行運)

의지가 박약한데 성품은 완고하여 스스로 고립에 빠진다. 생활이 안정되지 못하고 고난에 처하며 하는 일이 실패하여 경제적으로 어렵게 된다. 부부가 이별하고 자녀와 이별하는 흉한 수이다.

● 43획 – 흉(凶) – 산재운(散財運)

외화내빈이니 겉으로는 화려하지만 안으로는 가난하다. 실속이 없고 허황된 삶을 산다. 경제적으로 어려우며 곤란한 일들이 발생하고 재앙이 생긴다. 유혹에 약해 재물이 나간다. 여성은 화류계로 빠질 수도 있다.

● 44획 – 흉(凶) – 파멸운(破滅運)

백 번을 싸워 백 번을 지니 일생 동안 되는 일 없이 실패하고 가난하다. 모든 일에 시작은 있되 유종의 미를 거두지 못한다. 경제적으로 어렵고 배우자와 이별하고 단명할 수 있다.

● 45획 – 길(吉) – 현달운(顯達運)

지혜가 출중하고 포부가 크고 이상이 높다. 의지가 확고하고 재능이 뛰어나 일처리에 능숙하니 모든 일에서 순풍에 돛을 단 배와 같이 승승장구한다. 이름을 떨치고 많은 사람들이 추종하게 된다.

● 46획 – 흉(凶) – 비애운(悲哀運)

웅대한 포부를 가졌지만 의지가 약하고 매사에 의욕이 부족해 목적을 달성하지 못한다. 고난이 많고 실패하니 질병도 생기고 배우자와 이별을 하거나 가정의 파탄을 초래하는 흉한 수이다.

● 47획 – 길(吉) – 출세운(出世運)

지혜와 덕망이 있으며 포용력과 리더십이 뛰어나 대업을 완수하니 부귀를 얻고 명성을 떨친다. 재물을 자손에게 물려주어 자손도 번영한다. 온가족이 부귀영화를 누린다.

● 48획 – 길(吉) – 복덕운(福德運)

지혜와 덕망을 갖췄다. 재능이 뛰어난 영민한 지도자 상으로 하는 일마다 성공하니 만인이 추앙하고 따르고 명성을 떨친다. 복과 녹을 누리고 배우자 복도 좋으며 화목한 가정을 이룬다.

● 49획 – 중길(中吉) – 변화운(變化運)

길흉이 상반되는 수다. 재주가 있으며 수완이 뛰어나 자수성가로 성공하지만 결국은 실패와 손실이 따르니 길흉의 변화가 심하다. 직업이나 거주지가 안정되지 못하고 가족과 이별수가 생기는 시련이 따라붙는다.

● 50획 – 흉(凶) – 불행운(不幸運)

공허하고 의지가 박약해 매사에 불운이 따르니 어려움에 처한다. 패가망신해 배우자, 자녀와 이별할 수 있다. 말년이 고독하고 가난하며 질병으로 고생한다.

● 51획 – 흉(凶) – 길흉운(吉凶運)

운이 상승해 성공하지만 곧바로 불운이 닥쳐 어려움에 처하고 망한다. 성공과 실패를 함께 맛보게 된다. 명예와 지위를 얻어도 곧바로 불명예가 되고 지위를 박탈당하는 파란만장한 흉한 수이다.

● 52획 – 길(吉) – 약진운(躍進運)

의지가 강하고 지혜가 있으며 탁월한 선견지명이 있어 점진적으로 자신의 자리를 확보하는 자수성가형이다. 용이 여의주를 물고 승천하듯이 결국 목표에 도달하고 부귀공명을 누리고 자손이 훌륭하게 된다.

● 53획 – 흉(凶) – 장해운(障害運)

재앙과 화근이 중첩되고 겉은 화려해도 속은 가난해 가업을 탕진한다. 재물이 나가는 불행이 집안에 닥치며 부부 사이가 나빠져 이별하고 자녀와도 헤어지는 흉한 수이다.

● 54획 – 흉(凶) – 절망운(絶望運)

의지가 약하고 타인과 불화가 생긴다. 힘들고 어려움이 거듭되니 근심과 걱정이 떠나질 않는다. 하는 일에서 실패해 절망하고 배우자와 이별을 하니 가족과 뿔뿔이 헤어진다. 패가망신하여 고독하다.

● 55획 – 중길(中吉) – 불안운(不安運)

인내심이 부족하고 의지가 약해 모든 일에 시작은 있지만 끝이 없어 결실을 거둘 수 없다. 겉으로는 평화로워 보이나 안으로는 근심과 걱정이 많다. 하지만 인내심과 성실성을 갖추면 성공한다.

● 56획 – 흉(凶) – 패망운(敗亡運)

타향에서 고생하고 삶에 변화가 많아 결과를 거두지 못한다. 용기와 추진력이 결여

되어 있어 주위의 도움도 받지 못한다. 적이 많아 매사에 좌절하고 실패하며 힘들고 가난함을 면하지 못한다.

● 57획 – 길(吉) – 노력운(努力運)
강한 의지와 신념을 가지고 있어서 위기를 극복해 좋은 기회로 만든다. 각고의 노력 끝에 목표에 도달하여 성공한다. 어려움이 있어도 지혜와 실력과 인내심으로 극복하여 명성을 날리고 번영한다.

● 58획 – 중길(中吉) – 후복운(後福運)
강인한 인내심과 의지로 초년의 힘들고 어려운 상황을 극복해낸다. 중년 이후 자리를 잡고 만년에는 행복하다. 매사 처음에는 고생하지만 좋은 결과를 거두니 명성을 얻고 부귀하다.

● 59획 – 흉(凶) – 재화운(災禍運)
인내심이 부족하고 의지가 박약하니 성실성이 부족해 매사 결실을 거두기가 어렵다. 재난이 생기고 화근이 끊이질 않으며 실의에 빠지게 된다. 패가망신하여 가족과 이별하니 고독하고 빈천하다.

● 60획 – 흉(凶) – 재난운(災難運)
부모로부터 물려받은 재산을 탕진하고 있던 복과 녹이 달아난다. 모든 일에 시작만 있고 끝이 없으며, 일생 고난과 재난이 끊이질 않아 실패, 실직, 사고, 질병을 겪으며 단명한다.

● 61획 – 길(吉) – 영화운(榮華運)
부모복이 있고 복과 녹이 굴러들어온다. 지혜가 있으며 재능이 출중하다. 여기에 신념과 의지가 견고해 모든 일에 성공하고 신임을 얻는다. 재물과 명예를 얻으며 자손도 영화롭게 된다.

● 62획 − 흉(凶) − 쇠퇴운(衰退運)

좌절과 실패가 거듭되고 안팎으로 불화가 끊이질 않는다. 매사에 실패하니 신용이 없어 대인관계도 좋지 않다. 경제적으로 어려워지고 가족과 이별하여 외롭고 처량한 흉한 수이다.

● 63획 − 길(吉) − 성공운(成功運)

하는 일이 순조롭게 풀리고 귀인의 도움을 받으며 대인관계가 좋아져서 만사형통하고 재물이 들어온다. 부부금슬이 좋으며 안과 밖으로 기쁨이 거듭 생기고 부귀영화를 누리는 성공의 수이다.

● 64획 − 흉(凶) − 쇠멸운(衰滅運)

과욕과 무모한 계획으로 평지풍파가 많으며 하는 일이 침체되고 파멸을 불러온다. 재물의 손실이 따르니 명예도 실추된다. 가정에도 불화가 생긴다. 심신이 허약해져 병마가 침입하여 단명할 수 있다.

● 65획 − 길(吉) − 흥가운(興家運)

인덕이 있고 합리적이며 포용력이 있는 성품이다. 목표로 하는 것을 이루고 사람들이 따르니 재물도 들어와 부귀공명을 누린다. 가정이 화목하여 부부금슬이 좋으며 자손도 번창하는 좋은 수이다.

● 66획 − 흉(凶) − 쇠망운(衰亡運)

영특하고 재주가 있으나 잘못된 꾀로 결과가 좋지 못하다. 사방에 적을 많이 만들게 되니 신임을 얻지 못해 좋은 결과를 거두지 못한다. 재물이 나가고 손해가 생기며 진퇴양난의 어려움에 빠지고 패가망신한다.

● 67획 − 길(吉) − 천복운(天福運)

인품이 착하고 강직하다. 지혜가 있으면서 겸손함을 갖추니 맡은 일을 성실하게 수

행하여 대업을 달성한다. 천복을 받고 가세가 번창한다. 부부금슬이 좋으며 자녀도 귀하게 된다.

● 68획 – 길(吉) – 흥가운(興家運)

총명하고 지혜가 뛰어나며 근면한 성품을 가졌다. 점진적으로 자신의 자리를 만들어가 자수성가한다. 명예와 이익이 생겨 이름을 떨치고 재물이 들어온다. 집안도 화평하고 자손도 귀하게 되는 좋은 수이다.

● 69획 – 흉(凶) – 불안운(不安運)

이기적이고 인덕이 없으니 신용이 없어 대인관계가 좋지 못하다. 시작은 좋으나 끝은 좋지 않아 결실을 거두지 못한다. 실패를 거듭하여 몸과 마음이 허약해지니 질병에 시달리고 가난하다.

● 70획 – 흉(凶) – 멸망운(滅亡運)

성품이 어리석고 어질지 못하니 모든 일에서 좋은 열매를 거두지 못한다. 경제적으로도 어렵다. 부모형제와 인연이 없고 가족과 헤어지게 된다. 몸이 아프거나 부상이 생기고 단명한다.

● 71획 – 중길(中吉) – 발전운(發展運)

부모복이 좋지 않아 초년에 고생한다. 강한 의지와 인내심으로 천신만고 끝에 중년 이후 노력한 결실을 거둔다. 말년에는 재물도 축적하고 편안하고 행복하다.

● 72획 – 흉(凶) – 후곤운(後困運)

겉으로는 반듯하고 화려하지만 안으로는 근심이 가득하다. 처음에는 순조롭게 출발하지만 시간이 지날수록 어려움에 처하고 결실을 거두지 못한다. 만년에는 파산하고 고독하고 힘들다.

● 73획 - 중길(中吉) - 평복운(平福運)

초년에는 힘들고 어렵지만 지혜와 성실한 성품과 끊임없는 노력 끝에 자수성가한다. 크게 성공하기는 어려워도 평범하고 무난하게 살 수 있다. 여성의 경우는 남편복이 있고 자손이 성공하는 수이다.

● 74획 - 흉(凶) - 우매운(愚昧運)

지혜가 없고 능력이 없는데다 인품 또한 거칠어 대인관계가 좋지 못하다. 매사에 흥하는 것 같지만 실패하고 곤궁해진다. 재물을 탕진하기도 한다. 번뇌와 고민이 많아 무위도식하며 살아간다.

● 75획 - 중길(中吉) - 안길운(安吉運)

온순하고 인품이 넉넉해 대인관계가 원만하다. 귀인의 도움도 받게 되니 점진적으로 성공하는 대기만성형이다. 하지만 재액과 화근이 생겨 일시에 무너질 수 있으니 과욕하지 말고 신중해야 한다.

● 76획 - 흉(凶) - 곤경운(困境運)

부모복이 없고 윗사람의 복도 없어 매사 혼자서 시작해야 하기에 어렵고 힘들다. 중도에 좌절하고 실패하여 관재구설이 생길 수 있다. 재물이 나가고 질병이 생기며 가족과 이별하는 흉한 수이다.

● 77획 - 중길(中吉) - 길흉운(吉凶運)

길한 것과 흉한 것이 공존하는 수이다. 처음에는 고난을 면치 못하지만 강인한 의지와 뛰어난 지혜, 성실함으로 노력하여 성공을 이룬다. 독단적인 면을 경계하고 포용력을 갖추며 신중해야 한다.

● 78획 - 중길(中吉) - 선길운(先吉運)

부모복이 있고 초년에 길하여 일찍 성공해 부귀영화를 누린다. 그러나 중년 이후에는 길한 것이 흉한 것으로 바뀌니 운이 쇠퇴하여 실패한다. 경제적으로 어렵고 가정에는 우환과 불화가 생긴다.

● 79획 - 흉(凶) - 부정운(不定運)

의지가 약하고 정신적으로 혼미하며 인내심도 없어 매사에 결실을 거두지 못하게 된다. 마음과 몸이 고생스럽고 재물이 들어오지 않는다. 대인관계가 좋지 못하고 경제력이 없으며 부부금슬도 좋지 않다.

● 80획 - 흉(凶) - 종말운(終末運)

일생 고생을 하고 어려움이 끊이질 않아 힘들다. 매사에 결실을 거두지 못하고 실패한다. 재액이 연속되고 근심과 걱정으로 질병이 생기고 사고로 인하여 단명할 수 있다. 집안에는 우환이 겹치게 된다. 은둔하거나 속세를 떠남이 좋다.

● 81획 - 길(吉) - 성대운(盛大運)

81수 중 마지막 수다. 마지막은 끝이 아니라 오히려 다시 시작한다는 순환과 잉태의 긍정적인 뜻이 포함되어 있다. 운기가 왕성하고 명성을 떨치며 권위가 생기고 부귀하게 되는 좋은 수이다.

81수 중에서 비교적 좋은 운이 들어간 것은 1수, 3수, 5수다. 그런데 그중 1수가 들어간 수는 51수가 흉하고 71수가 중길이며 나머지는 모두 좋은 수다. 3이 들어간 수는 43수와 53수가 흉하고 73수는 중길이며 나머지는 모두 길한 수다. 그리고 5가 들어간 수 가운데 55수와 75수가 중길이며 나머지는 모두 좋은 수다.

반대로 81수 중에서 비교적 나쁜 운이 들어간 것은 2수와 4수, 그리고 9수와 10수다. 2수가 들어간 수는 32수, 52수만 좋고 나머지는 모두 흉하다.

4수가 들어간 수는 24수만 길하고 나머지는 모두 나쁜 수다. 9수가 들어간 수는 29수와 39수가 길하고, 49수가 중길이며 나머지는 모두 흉하다. 또 10 수가 들어간 수는 30이 중길이며 나머지는 모두 흉하다.

05

수리성명학으로 이름을 지어보자

원형이정의 4격으로 나누는 방법

수리성명학은 이제까지 살펴본 81수의 뜻을 바탕으로 삼아 원형이정의 원리를 이용해 각 글자들의 획수를 서로 합한 수를 적용하는 작명법이다. 이름을 원형이정의 4격으로 나누는 방법은 다음과 같다.

> **수리성명학의 원리**
> 이름 첫 글자의 한자 획수 + 이름 끝 글자의 한자 획수 = 원(元)격
> 성의 한자 획수 + 이름 첫 글자의 한자 획수 = 형(亨)격
> 성의 한자 획수 + 이름 끝 글자의 한자 획수 = 이(利)격
> 성의 한자 획수 + 이름 첫 글자의 한자 획수 + 이름 끝 글자의 한자 획수 = 정(貞)격

원격은 1세부터 17세까지의 초년운을, 형격은 18세부터 38세까지의 청장년 운을, 이격은 39세부터 48세까지의 장년운을, 그리고 마지막 정격은 49세 이후의 말년운을 담당한다. 하지만 요즘에는 인간의 수명이 늘어났으니 원격의 초년운을 1세부터 20세, 형격을 21세부터 40세, 이격을 41세부터 60세, 정격을 61세부터 그 이후라고 보면 된다.

또 일반적으로 성이 한 글자, 이름은 두 글자인 경우가 대부분이지만 성이 한 글자, 이름이 한 글자인 경우도 있고 성이 두 글자, 이름이 두 글자인 경우도 있다. 또 성이 두 글자, 이름이 한 글자인 경우도 있다. 이러한 각각의 경우에 수리오행으로 이름 짓는 방법을 살펴보자.

① 성이 한 글자, 이름이 두 글자인 경우

이(李) 영길(英吉)

> 이(李) 7 / 영(英) 9 / 길(吉) 6
> • 원격 : 영(9) + 길(6) = 15
> • 형격 : 이(7) + 영(9) = 16
> • 이격 : 이(7) + 길(6) = 13
> • 정격 : 이(7) + 영(9) + 길(6) = 22

② 성이 한 글자, 이름이 한 글자인 경우

최(崔) 고(高)

> 최(崔) 11 / 고(高) 10
> • 원격 : 고(10) + 0 = 10
> • 형격 : 최(11) + 고(10) = 21
> • 이격 : 최(11) + 0 = 11
> • 정격 : 최(11) + 고(10) + 0 = 21

원형이정으로 이름을 지으려면 일반적으로 성은 하나, 이름은 2개여야 하는데 한 글자 밖에 없을 때는 없는 한 글자의 한자 획수는 0이 된다. 따라서 원격은 이름의 첫 자 한자 획수+이름의 끝자 한자 획수의 합이니 10 + 0 이니 10이 된다. 그리고 이격은 성과 이름의 마지막 글자의 한자 획수의 합인데 마지막 글자가 없어서 획수가 0이 되고 성의 획수는 11이다. 따라서 11 + 0은 11이 된다. 마지막으로 정격은 성의 한자 획수 + 이름 첫 자의 한자 획수 + 이름의 마지막 한자 획수 숫자의 합이 되니 11 + 10 + 0 = 21이 된다.

③ 성이 두 글자, 이름이 두 글자인 경우

남궁(南宮) 가경(佳暻)

남(南) 9 궁(宮) 10 / 가(佳) 8 / 경(暻) 16
- 원격 : 경(16) + 가(8) = 24
- 형격 : 남(9) + 궁(10) + 가(8) = 27
- 이격 : 남(9) + 궁(10) + 경(16) = 35
- 정격 : 남(9) + 궁(10) + 가(8) + 경(16) = 43

④ 성이 두 글자, 이름이 한 글자인 경우

선우(鮮于) 영(鈴)

선(鮮) 17 우(于) 3 / 영(鈴) 13
- 원격 : 영(13) + 0 = 13
- 형격 : 선(17) + 우(3) + 영(13) = 33
- 이격 : 선(17) + 우(3) + 0 = 20
- 정격 : 선(17) + 우(3) + 영(13) + 0 = 33

여기서도 이름이 2글자가 아니고 한 글자이기 때문에 마지막 글자가 없어 그에 해당하는 한자 획수를 0으로 처리하여 계산한다.

이와 같이 한자로 이름을 짓고 원형이정의 원리를 통해 각각의 수리값을 계산하고 이를 다시 81수리표에 대입해 길흉화복을 정한다. 한자의 획수와 수리로 이름을 짓고 해석한 것을 살펴보자.

수리성명학에 맞는 좋은 작명

이(李) 근영(根榮, 뿌리 근/영화 영)

원격의 수는 이름의 끝 글자 영(榮)과 이름의 첫 글자 근(根)의 획수를 합친 수로 14 + 10이 되어 24다. 24수를 81 수리표에서 찾아보면 입신운(立身運)으로 대업을 성취하고 높은 자리에 올라 부귀영화를 누린다. 자손들도 잘 풀리고 효도를 받는다. 따라서 이름에 좋은 수로서 원격의 수는 길하다.

다음 형격의 수는 이름의 첫 글자인 근(根)과 성인 이(李)의 획수를 합친 것이다. 근(根)은 획수가 10이고 이(李)는 획수가 7이니 합치면 17수이다. 17수는 건창운(健暢運)으로 명예를 얻고 대업을 성취하여 많은 사람들로부터 존경을 받고 부귀를 누리는 좋은 수이다.

이격의 수는 성인 이(李)의 획수와 이름의 끝 글자인 영(榮)의 획수를 합친 수이니 7과 14를 합치면 된다. 그러므로 이격의 수는 21이다. 이격을 81 수리표에서 찾아보면 두령운(頭領運)이 나온다. 어려움을 극복하고 성공하여 이름을 날리고 대업을 달성하여 지도자가 되며 부귀영화를 누리게 되는 수다. 일부에서는 여성은 21수가 좋지 않다고도 하나, 현대 사회에서는 여성도 남성과 똑같이 사회생활을 하고 있으니 여성에게도 길한 수로 본다. 작명의 방법도 시대와 환경에 따라 변화한 것이다.

마지막으로 정격은 성과 모든 이름의 획수를 종합한 것으로 성인 이(李)는 7수, 이름의 첫 글자 근(根)은 10수, 이름의 마지막 글자 영(榮)은 14수이니 모두 합하면 31수이다. 31수는 융창운(隆昌運)으로, 총명하고 지혜와 용기가 있으며 의지가 굳건하고 통찰력을 지니고 있어 대업을 완성하게 된다. 부부금슬이 좋으며 자녀도 잘 풀리니 가정이 행복하다.

이처럼 이근영이라는 이름은 수리오행으로 봤을 때 원격과 형격, 이격과 정격이 모두 길한 수로 만들어졌으니 좋은 이름이다.

수리성명학에 맞는 나쁜 작명

박(朴) 인선(仁仙, 어질 인/ 신선 선)

원격의 수는 이름의 끝 글자 선(仙)과 이름의 첫 글자인 인(仁)의 획수를 합친 수이다. 선(仙)은 5, 인(仁)은 4이니 합하면 9가 된다. 그러므로 원격의 수는 9다. 9수는 81 수리표에서 불행운이니 좋지 않다. 다음 형격의 수는 이름의 첫 글자인 인(仁)과 성인 박(朴)의 획수를 합친 수이다. 인(仁)은 4이고, 박(朴)은 6이니 합치면 10이 된다. 형격 10수는 81 수리표에서 공허운으로 하는 일이 실패하고 부부 간에 이별할 수 있는 수로서 좋지 않다. 이격의 수는 성인 박(朴)의 획수와 이름의 끝 글자인 선(仙)의 획수를 합친 수로 11이 된다. 이격의 수 11을 81수리표에서 찾아보면 흥가운으로 부귀하게 되고 집안을 일으키는 좋은 수이다. 마지막으로 정격은 성과 모든 이름의 획수를 종합한 것이다. 성인 박(朴)은 6수, 이름의 첫 글자인 인(仁)은 4수, 이름의 마지막 글자인 선(仙)은 5수로 모두 합하면 15수이다. 정격 15수를 81수리 표에서 찾아보면 복수운으로 성공하고 명성을 얻고 높은 자리에 오르며 장수하는 좋은 수이다. 따라서 원격과 형격은 불길한 수이고 이격과 정격은 길한 수이다.

수리성명학으로 이름을 지을 때는 원형이정이 모두 길한 수로 지어야 한다. 그런데 이름을 짓다 보면 원형이정이 모두 좋은 수로만 되지 않는 경우가 종종 있다. 그럴 때에는 초년의 기간인 원격을 조금 부족하게 짓고 나머지를 좋게 지어야 한다. 왜냐하면 유년기와 청소년기에는 자신보다는 부모님의 영향력으로 살아가기 때문에, 자신의 운보다는 부모의 운이 영향을 더 많이 미친다고 보기 때문이다.

06

작명의 기본 원리,
음령오행 성명학

음령오행이란 글자의 수리로 생기
는 길흉이 아니라 소리로부터 길흉의 기운이 전해진다는 전제를 바탕으로
한 소리성명학이다. 고대에 소리에는 주술적인 힘이 있다고 믿는 정령사상
과 같은 맥락이라고 볼 수 있다. 그런데 오늘날 우리가 즐겨 사용하고 있는
음령오행 성명학은 수리성명학을 만든 구마사기 겐오가 기존에 전해오던
음령에 관한 성명학을 새롭게 창안한 것이다. 수리성명학과 함께 1940년대
전후에 우리나라에 전해진 것으로 추정된다. 그러나 음령오행 성명학은
1990년대에 이르러 순수 한글 이름의 유행과 맞물리며 대중적인 작명법으
로 정착하게 됐다. 음령오행 성명학의 작명 원리는 한자의 뜻과 획수를 사
용하지 않고, 순수하게 한글 발음으로만 오행을 따지고 분석하여 길하게 이

름을 짓는 것이다.

《훈민정음해례》에는 "우리나라 말은 중국과 문자가 서로 다르기 때문에…"라고 쓰여 있다. 그래서 소리에 따른 오행도 중국과 다르다. 음령오행 성명학에 사용되는 소리 오행은《훈민정음해례》에 기재되어 있는 발음법에 따라 소리를 오행으로 나눈 것으로 음령오행 성명학은 다음의 법칙을 따른다.

목 : ㄱㅋ
화 : ㄴㄷㄹㅌ
토 : ㅁㅂㅍ
금 : ㅅㅈㅊ
수 : ㅇㅎ

버려야 할 일본식 발음에 의한 성명학

그러나 시중의 많은 철학관과 작명소는 훈민정음을 따르지 않는 곳이 많다. 대부분이 아래의 법칙을 따르고 있다.

목 : ㄱㅋ
화 : ㄴㄷㄹㅌ
토 : ㅇㅎ
금 : ㅅㅈㅊ
수 : ㅁㅂㅍ

즉, 토(土)와 수(水)로 사용되는 자음의 오행이 훈민정음과 다르게 사용되고 있는 것이다. 잘못 사용되는 것처럼 토(土)를 ㅇ, ㅎ, 수(水)를 ㅁ, ㅂ, ㅍ로 구분하는 것은 구마사기가 만들어낸 일본식으로 우리나라의 고유한 발음과는 다르다. 이런 일이 벌어지고 있는 데에는 가슴 아픈 역사가 자리 잡고 있다. 일제강점기 때 일본은 우리 민족의 문화를 말살하고자 악랄한 정책을 펼쳤다. 그 중 하나가 바로 우리말을 없애는 것이었다. 그래서 초등학교에서 한글을 가르치지 못하게 하는가 하면 성을 일본식으로 바꾸는 창씨개명을 시도하기도 했다. 일제가 기를 쓰고 없애려던 것에는 《훈민정음해례》도 있었다. 이것을 간송 전형필 선생이 1940년대 극비리에 입수해 간수해오다가 해방 이후 세상에 공개했다. 그래서 그동안 수많은 한국 사람들은 일본인 구마사기가 만든 소리발음 작명법을 바탕으로 이름을 만들었던 것이다. 이는 한시라도 빨리 고쳐야 할 치욕적인 일이다.

음령오행은 발음에 의해 소리가 오행으로 구분되고, 각각의 다른 발음에서 발생하는 기운이 저마다 다르게 파생돼 인간에게 영향을 미치고 운명에도 영향을 준다는, 발음의 중요성에 입각한 작명 방법이다. 음령오행 작명법에서는 성과 상명자, 하명자를 오행으로 판단하고 오행의 배치를 통해 길과 흉을 판단한다. 오행의 관계가 서로 상생으로 되어 있으면 길하다고 보고, 반대로 상극일 경우는 흉하다고 판단한다. 예컨대 '김나라'라는 이름이라면 목화화(木火火)가 되어 상생 관계가 되므로 좋다고 본다. 다음은 성과 상명자, 하명자의 오행배열이다.

목목목(木木木) → 길(吉)

예 : ㄱㄱㄱ, ㄱㅋㄱ, ㄱㅋㅋ, ㄱㄲㄱ

목목화(木木火) → 길(吉) / 목목토(木木土) → 흉(凶) / 목목금(木木金) → 흉(凶) /
목목수(木木水) → 길(吉)

목화목(木火木) → 길(吉) / 목화화(木火火) → 길(吉) / 목화토(木火土) → 길(吉) /
목화금(木火金) → 흉(凶) / 목화수(木火水) → 흉(凶)

목토목(木土木) → 흉(凶) / 목토화(木土火) → 흉(凶) / 목토토(木土土) → 흉(凶) /
목토금(木土金) → 흉(凶) / 목토수(木土水) → 흉(凶)

목금목(木金木) → 흉(凶) / 목금화(木金火) → 흉(凶) / 목금토(木金土) → 흉(凶) /
목금금(木金金) → 흉(凶) / 목금수(木金水) → 흉(凶)

목수목(木水木) → 길(吉) / 목수화(木水火) → 흉(凶) / 목수토(木水土) → 흉(凶) /
목수금(木水金) → 길(吉) / 목수수(木水水) → 길(吉)

화목목(火木木) → 길(吉)

예 : ㄴㄱㄱ, ㄷㄱㄱ, ㄹㄱㄱ, ㅌㄱㄱ

화목화(火木火) → 길(吉) / 화목토(火木土) → 흉(凶) / 화목금(火木金) → 흉(凶) /
화목수(火木水) → 길(吉)

화화목(火火木) → 길(吉) / 화화화(火火火) → 흉(凶) / 화화토(火火土) → 길(吉) /
화화금(火火金) → 흉(凶) / 화화수(火火水) → 흉(凶)

화토목(火土木) → 흉(凶) / 화토화(火土火) → 길(吉) / 화토토(火土土) → 길(吉) /
화토금(火土金) → 길(吉) / 화토수(火土水) → 흉(凶)

화금목(火金木) → 흉(凶) / 화금화(火金火) → 흉(凶) / 화금토(火金土) → 흉(凶) /
화금금(火金金) → 흉(凶) / 화금수(火金水) → 흉(凶)

화수목(火水木) → 흉(凶) / 화수화(火水火) → 흉(凶) / 화수토(火水土) → 흉(凶) /

화수금(火水金) → 흉(凶) / 화수수(火水水) → 흉(凶)

토목목(土木木) → 흉(凶)

예 : ㅁㄱㄱ, ㅂㄱㄱ, ㅍㄱㄱ

토목화(土木火) → 흉(凶) / 토목토(土木土) → 흉(凶) / 토목금(土木金) → 흉(凶) /
토목수(土木水) → 흉(凶)
토화목(土火木) → 길(吉) / 토화화(土火火) → 길(吉) / 토화토(土火土) → 길(吉) /
토화금(土火金) → 흉(凶) / 토화수(土火水) → 흉(凶)
토토목(土土木) → 흉(凶) / 토토화(土土火) → 길(吉) / 토토토(土土土) → 중(中) /
토토금(土土金) → 길(吉) / 토토수(土土水) → 흉(凶)
토금목(土金木) → 흉(凶) / 토금화(土金火) → 흉(凶) / 토금토(土金土) → 길(吉) /
토금금(土金金) → 길(吉) / 토금수(土金水) → 길(吉)
토수목(土水木) → 흉(凶) / 토수화(土水火) → 흉(凶) / 토수토(土水土) → 흉(凶) /
토수금(土水金) → 흉(凶) / 토수수(土水水) → 흉(凶)

금목목(金木木) → 흉(凶)

예 : ㅅㄱㄱ, ㅈㄱㄱ, ㅊㄱㄱ, ㅅㄱㅋ, ㅈㄱㅋ, ㅊㄱㅋ

금목화(金木火) → 흉(凶) / 금목토(金木土) → 흉(凶) / 금목금(金木金) → 흉(凶) /
금목수(金木水) → 흉(凶)
금화목(金火木) → 흉(凶) / 금화화(金火火) → 흉(凶) / 금화토(金火土) → 흉(凶) /
금화금(金火金) → 흉(凶) / 금화수(金火水) → 흉(凶)
금토목(金土木) → 흉(凶) / 금토화(金土火) → 길(吉) / 금토토(金土土) → 길(吉) /
금토금(金土金) → 길(吉) / 금토수(金土水) → 흉(凶)
금금목(金金木) → 흉(凶) / 금금화(金金火) → 흉(凶) / 금금토(金金土) → 길(吉) /

금금금(金金金) → 중(中) / 금금수(金金水) → 길(吉)

금수목(金水木) → 길(吉) / 금수화(金水火) → 흉(凶) / 금수토(金水土) → 흉(凶) /

금수금(金水金) → 길(吉) / 금수수(金水水) → 길(吉)

수목목(水木木) → 길(吉)

예 : ㅇㄱㄱ, ㅎㄱㄱ

수목화(水木火) → 길(吉) / 수목토(水木土) → 흉(凶) / 수목금(水木金) → 흉(凶) /

수목수(水木水) → 길(吉)

수화목(水火木) → 흉(凶) / 수화화(水火火) → 흉(凶) / 수화토(水火土) → 흉(凶) /

수화금(水火金) → 흉(凶) / 수화수(水火水) → 흉(凶)

수토목(水土木) → 흉(凶) / 수토화(水土火) → 흉(凶) / 수토토(水土土) → 흉(凶) /

수토금(水土金) → 흉(凶) / 수토수(水土水) → 흉(凶)

수금목(水金木) → 흉(凶) / 수금화(水金火) → 흉(凶) / 수금토(水金土) → 길(吉) /

수금금(水金金) → 길(吉) / 수금수(水金水) → 길(吉)

수수목(水水木) → 길(吉) / 수수화(水水火) → 흉(凶) / 수수토(水水土) → 흉(凶) /

수수금(水水金) → 길(吉) / 수수수(水水水) → 중(中)

음령오행에 맞는 좋은 이름

조미승 : 조-금(金) / 미-토(土) / 승-금(金) → 금토금(金土金) → 길(吉)

음령오행 성명학의 경우 성은 하늘이고 이름의 첫 글자는 자신을 나타내며 이름이 끝 글자는 땅을 상징한다. 그래서 세 글자로 된 이름을 기준으로 해 각 글자를 천인지로 본다. 일반적으로 한글 이름을 소리오행에 적용할 때, 한 글자의 초성, 중성, 종성 가운데서 초성만 오행에 대입해 음령오행 성명학을 만들고, 이름의 길흉화복을 해석한다. 예문으로 사용된 조미승이라는 이름을 음령오행으로 분석해보면, 성의 조는 초성이 ㅈ이니 오행으로는 금(金)에 해당한다. 이름의 첫 글자인 미의 초성은 ㅁ으로 토(土)에 해당한다. 그리고 이름의 마지막 글자인 승의 초성인 ㅅ은 오행에서 금(金)에 해당한다. 성과 이름의 구조가 오행에서 금토금(金土金)이 되니 이름인 미승은 토(土)와 금(金)으로 서로 상생이고, 성인 조와 이름의 첫 글자인 미 역시 금(金)과 토(土)로 서로 상생이다. 따라서 음령오행의 구조가 길한 이름이다.

음령오행에 맞지 않아 좋지 못한 이름

나수고 : 나–화(火) / 수–금(金) / 고–목(木) → 화금목(火金木) → 흉(凶)

나수고라는 이름을 음령오행으로 분석해보면, 성 '나'는 초성이 ㄴ으로 오행으로는 화(火)에 해당한다. 이름의 첫 글자인 수의 초성은 ㅅ으로 금(金)이고 이름의 마지막 글자인 고의 초성 ㄱ은 오행에서 목(木)에 해당한다. 성과 이름의 구조가 오행에서 화금목(火金木)이 되니, 수고라는 이름도 목(木)과 금(金)이 서로 극하고, 성인 나와 이름의 첫 자인 수 역시 화(火)와 금(金)으로 서로 극한다. 음령오행의 구조로 보면 흉한 이름이다.

07

사주의
중화작명법

사주명리는 어머니로부터 태어난 순간의 생년월일시를 선천운으로 보고 여기에 목화토금수의 오행이 상생하고 상극하는 관계를 대입시켜 과거, 현재, 미래의 길흉화복을 예측하는 운명예측학이다. 이 사주를 풀어 여기에 맞춰 이름을 짓는 것을 사주중화 성명학 또는 사주용신 성명학이나 사주조화 성명학이라고 부른다. 한 사람의 사주를 해석해서 그것을 기본으로 하여 이름을 짓는 작명법은 동양에서는 상당히 오랜 전통을 가지고 있다. 지금까지 필자가 연구한 바로는 중국의 춘추전국시대, 그 중에서도 전국시대 초나라 재상이었던 굴원(屈原)이 《이소경離騷經》이란 문집을 통해 사주를 바탕으로 이름을 지었다는 내용이 나온다. "인년의 바로 정월, 경인날에 나는 태어났다. 아버님은 내 생년월일을 따져본 후 비로소 내게 훌륭한 이름을 지어 주셨다." 굴원은 전국시대 초나라의 정치가이자 문학가였다. 이러한 내용들을 근거로 유추해보면 전국시대 그 이전에 등장한 삼명(三命), 또는 사주의 전신이 되는 것들로 운명을 예측하고 또 이를 바탕으로 작명을 한 역사는 꽤 오래됐음을 알 수 있다.

실제로 하나의 사주를 놓고 그 해석을 바탕으로 이름을 지어보자. 첫 번째 사주를 해석해 사주의 여덟 글자를 중화시켜주는 오행을 찾고 그 오행을 중심으로 이름을 지어 보겠다.

	시	일	월	연
천간	丙	辛	甲	癸
	火	金	木	水
지지	申	未	寅	亥
	金	土	木	水

위 예로 든 사주는 신(辛)금 일간으로 금, 은과 같은 귀금속으로 태어났다. 태어난 달은 목(木)달로 봄이다. 또 태어난 시간은 오후이므로 태양의 빛을 받고 있다. 따라서 봄날 오후에 태양빛을 받아 빛나고 있는 귀금속의 사주다. 사주를 보면 목, 화, 토, 금, 수의 5행을 모두 갖추고 있다. 그런데 일간의 신(辛)금을 중심으로 한 토(土)와 금(金)의 세력과, 이들과 대치하는 화(火), 목(木), 수(水)의 세력을 비교하면 신(辛)금 일간의 세력이 약하다. 따라서 신

(¥)금 일간의 기운을 보강해주는 오행을 용신으로 정해야 사주에 힘의 균형이 맞아 중화가 된다. 이 사주에서는 오행 중에서 인수 편인인 토(土)와 비견 겁재인 금(金)이 용신이 된다. 따라서 이름을 지을 때도 이 사주의 해석에 맞춰 토(土)와 금(金)을 이름에 넣어서 지으면 좋다. 토(土)와 금(金)의 글자를 이름에 넣어 작명을 하면 운세가 상승하고 후천적인 복록이 증가하는 것이다. 따라서 한글의 음령오행에서는 ㅁ, ㅂ, ㅍ이나 ㅅ, ㅈ, ㅊ가 들어가도록 작명하면 된다. 또 한자에는 토와 금의 부수가 들어가도록 작명한다.

	시	일	월	연
천간	辛	丁	己	丙
	金	火	土	火
지지	丑	亥	亥	午
	土	水	水	火

이번에는 사주의 오행 가운데 빠진 오행을 찾아 이름에 넣어주는 작명법을 살펴보자. 이 사주는 정(丁)화 일간으로 달님으로 태어난 사주이다. 태어난 달은 해(亥)월로 겨울이며 태어난 시간은 축(丑)시로 새벽이다. 겨울의 새벽에 하늘의 달님으로 태어났다. 그런데 이 사주를 보면 목, 화, 토, 금, 수 오행 중에서 빠진 것이 있다. 바로 목(木)이다. 그런데 정화의 일간이 쇠하여 이 사주에 필요한 오행은 목(木)이며, 목(木)이 사주의 오행에 균형을 잡아주는 용신이 된다. 그러니 이름을 지을 때 오행에서 목(木)에 해당하는 글자

를 넣어서 지으면 된다. 한글의 음령오행에서 목(木)은 ㄱ과 ㅋ이다. 한글 이름의 초성에 ㄱ, ㅋ이 들어가도록 작명하면 된다. 또 한자의 이름에는 목(木)의 부수가 들어가도록 목(木)이나 초(艹) 등의 부수를 넣는다.

이렇게 사주를 바탕으로 해서 이름을 짓는 것은 하나의 방법일 뿐이지 전부가 아니다. 가장 좋은 것은 지금까지 설명한 작명법을 모두 종합해 이름을 짓는 것이다. 수리성명학과 음령오행 성명학, 사주의 중화작명법을 모두 종합해 작명하면 운을 상승시키고 복을 부르는 이름, 성공할 수 있는 이름을 지을 수 있다. 이 모든 조건을 다 갖추는 것은 어려운 일이지만 다 갖췄을 경우 최상급의 이름이 되고 한두 개 정도 맞춰지지 않아도 좋은 이름이 될 수는 있다.

08

성격과 건강, 이름이 운명을 좌우한다

이름의 오행과 사주가 잘 만나면 건강과 성격, 재물운과 애정운에도 영향을 미칠 수 있다. 아래 내용들을 찬찬히 따져보고 자신의 이름이 조화를 잘 이룬 좋은 이름인지 살펴보자.

성명학과 건강

성명학은 건강과도 긴밀하게 연결되어 있다. 사주와 조화를 이룬 좋은 이름은 건강에 도움을 준다. 인체의 각 기관별로 오행과 연결되는데, 사주나 이름에서 충과 극을 당하면 해당하는 오행 부위의 신체가 제 기능을 다

하지 못하는 일이 생긴다. 사주나 이름이 부조화를 이뤘을 때 건강과 관련해 나타날 수 있는 것들은 다음과 같다.

① 금극목(金剋木)의 현상

사주에 갑경충(甲庚冲), 을신충(乙辛冲), 묘유충(卯酉冲), 인신충(寅申冲) 등이 있거나 이름에서 금(金)의 기운이 목(木)의 기운을 극하는 경우에 간질환, 쓸개질환, 신경질환, 두통질환이 일어날 수 있으며 얼굴마비, 사지절단 사고 등이 발생할 수 있다.

② 수극화(水剋火)의 현상

사주에 병임충(丙壬冲), 정계충(丁癸冲), 자오충(子午冲), 사해충(巳亥冲) 등이 있거나 이름에서 수(水)의 기운이 화기(火氣)를 극하는 경우에 심장질환, 소장질환, 눈병질환, 편두질환, 고혈압 등과 같은 질병이 발생할 수 있다.

③ 목극토(木剋土)의 현상

사주에 갑극무(甲剋戊), 을극기(乙剋己) 등이 있거나 이름에서 목(木)의 기운이 토기(土氣)를 극하는 경우에 비장질환, 위장질환, 복부질환, 피부질환, 당뇨질환과 같은 질병이 발생할 수 있다.

④ 화극금(火剋金)의 현상

사주나 이름에서 화(火)기운이 강하여 약한 금(金)기운을 극할 경우 폐장질환, 호흡질환, 대장질환, 근골질환, 사지질환과 같은 질병이 발생할 수 있다.

⑤ 토극수(土剋水)의 현상

사주나 이름에서 강한 토(土)기운이 약한 수기(水氣)를 극하는 경우 신장질환, 방광질환, 혈액질환, 자궁질환, 생식기질환, 당뇨와 같은 질병이 발생할 수 있다.

건강을 향상시키기 위한 작명법은 다음과 같다.

첫째, 사주 내에 부족한 오행을 이름에 보충시킨다.

부족한 오행	보충할 오행	호전되는 기관의 기능
목(木)이 약한 사주	수목(水木)을 보충	신장, 간장 기능증진
화(火)가 약한 사주	목화(木火)를 보충	신경, 심장 기능증진
토(土)가 약한 사주	화토(火土)를 보충	심장, 위장 기능증진
금(金)이 약한 사주	토금(土金)을 보충	위장, 기관지 기능증진
수(水)가 약한 사주	금수(金水)를 보충	폐장, 신장 기능증진

둘째, 사주 내에 충(沖)이 있다면 충이 통할 수 있게 해주는 오행의 기운을 이름에 넣는다.

충(沖)인 경우	통관 방법
인신충(寅申沖), 묘유충(卯酉沖)	수(水)로 통관
자오충(子午沖), 사해충(巳亥沖)	목(木)으로 통관

셋째, 조열(燥熱, 바짝 마르고 덥다는 뜻)한 사주나 냉습(冷濕, 차고 습하다는 뜻)한 사주는 이를 보완해주는 오행을 이름에 넣는다.

해자축(亥子丑)의 겨울 달에 태어나서 수기(水氣)가 강한 경우	따뜻한 화(火) 기운을 이름에 넣는다.
사오미(巳午未)의 여름 달에 태어나서 화기(火氣)가 강한 경우	차가운 수(水)의 기운을 이름에 넣는다.

성명학과 성격

① 사주에서뿐만 아니라 이름에서도 금(金)이 왕성하여 목(木)이 극을 당하는 경우에는 자기주장이 강하고 인정이 없으며 신경질적이고 예민한 성격이 되기 쉽다.

② 사주에서뿐만 아니라 이름에서도 수(水)가 왕성하여 화(火)가 극을 당하는 경우에는 예의가 없고, 변덕이 심하며 소심한 성격이 되기 쉽다.

③ 사주에서뿐만 아니라 이름에서도 목(木)이 왕성하여 토(土)가 극을 당하는 경우에는 신용과 믿음이 없고, 평소에도 걱정이 많은 성격이 되기 쉽다.

④ 사주에서뿐만 아니라 이름에서도 화(火)가 왕성하여 금(金)이 극을 당하는 경우에는 의리가 없고 우유부단하며 스스로 자책감을 갖게 된다.

⑤ 사주에서뿐만 아니라 이름에서도 토(土)가 왕성하여 수(水)가 극을 당하는 경우에는 지혜가 부족하고 두려움과 어리석음이 많은 성격이 되기 쉽다.

성명학과 재물운

　수리성명학에서는 이름에 3, 5, 6, 11, 13, 15, 16, 17, 18, 21, 23, 24, 25, 31, 32, 33, 35, 39, 41, 45 등의 수리가 있으면 명예가 상승하고 재물운이 좋아져 노력한 만큼 대가를 기대할 수 있다고 본다. 또한 뜻한 일이 성사되어 주위의 선망과 존경을 받으며 매사에 성공을 거둔다. 화목한 가정을 꾸리고 안정된 직업으로 고정된 수입을 얻어 경제적인 안정을 얻을 수 있으니 평안함을 갖게 만드는 수리들이다. 특히 5, 15, 16, 24, 32, 33, 41, 45획의 수리는 재물운이 왕성하고 사업운이 좋아 많은 재물을 모을 수 있으니 부자가 되는 수리다. 그리고 일반적으로는 음령오행이 서로 상생되는 이름과 성명학에 사용하는 81획수 중 길한 획수가 이름에 들어가면 재물운이 좋다고 본다. 자세한 내용은 뒤에서 다시 설명하도록 한다.

성명학으로 본 애정운

　성(姓)의 획수와 이름 첫 글자의 획수를 합한 수를 통해 애정운을 볼 수 있다. 예를 들어 '성춘향(成春香)'이라는 이름은 성(成)이 7획, 춘(春)이 9획이니 이를 합쳐 16획수다. 성명학에 사용하는 81획수 중에서 16획수는 대인관계가 원만하고 덕이 있으며 애정운이 좋다고 했다.
　만약 성과 이름이 모두 네 글자인 사람이라면 성과 이름 첫 글자의 합을 본다. 예를 들어 '남궁설민(南宮雪民)'이라는 이름을 가졌다고 하자. 성인 남궁(南宮)은 9획과 10획으로 총 19획이다. 또 이름 첫 글자인 설(雪)은 11획이니 이를 모두 합치면 30획이다. 30이라는 수는 성명학에서 길흉이 반반씩 들어 있는 운을 가지고 있으니 좋음과 나쁨도 반반이라 애정운은 보통이라고 말할 수 있다.

또 성과 이름이 모두 두 글자인 경우가 있을 수 있다. 예를 들어 '이일(李日)'이라는 이름을 가졌다면 이(李)는 7획, 일(日)은 4획이니 모두 11획이 된다. 성명학에서 사용되는 81획수 가운데 11획은 부귀안락하고 좋은 운이기에 애정운 또한 좋다.

이름과 대인관계

내 이름과 상극인 사람의 이름은 피하는 것이 좋고, 내 이름과 상생인 사람의 이름은 가까이 하는 것이 유리하다. 이름으로 인간관계의 길흉을 파악할 때는 주로 부르는 이름인 음령오행으로 파악한다.

[궁합이 맞는 이름] 이름이 '김가영'일 경우, 이름의 초성만 오행으로 분석하면 김-목(木), 가-목(木), 영-수(水)로 목목수(木木水)가 되니 서로 상생한다. 그런데 사귀는 사람의 이름이 '이강우'일 경우 그의 이름을 초성만 오행으로 분석하면 이-수(水), 강-목(木), 우-수(水)로 수목수(水木水)의 상생이 된다. 그

러고 난 다음에 서로의 이름이 소리로 상생이 되는지 상극이 되는지 맞춰보면 된다. 이때 상생이 되면 좋은 것이다. 두 사람의 성은 김-목(木), 이-수(水)이니 수목(水木)으로 상생이 된다. 각각의 이름 첫 글자인 가-목(木), 강-목(木)으로 목목(木木)이니 서로 같다. 각각의 이름 끝 글자는 영-수(水), 우-수(水)로 서로 수수(水水)가 되니 같다. 그래서 서로 상생이 되거나 같은 오행으로 되어 있으니 나와 궁합이 맞는 이름을 가진 사람이라고 판단할 수 있는 것이다.

[궁합이 맞지 않는 이름] 가령 김가영과 서정태가 사귄다고 해보자. 김가영 이름의 초성만 오행으로 분석하면 목목수(木木水)가 되어 서로 상생한다 하였다. 그런데 '서정태' 이름의 초성만 분석하면 서-금(金), 정-금(金), 태-화(火)로 금금화(金金火)가 되니 상극이 된다. 서정태라는 이름 자체의 음령오행이 서로 상극되니 좋은 이름이 아닌 것이다. 이제 김가영이란 이름과 소리로 상생이 되는지 상극이 되는지 다시 맞춰보자. 상생이 되면 좋은 것이고 상극이 되면 나쁜 것이다. 성의 김-목(木), 서-금(金)이 만나니 목금(木金)으로 상극이 된다. 이름의 첫 글자 가-목(木)과 정-금(金)이 만나니 목금(木金)으로 서로 상극이다. 이름의 끝 글자 영-수(水)와 태-화(火)가 만나면 수화(水火)로 서로 상극이다. 그래서 성과 글자들이 모두 상극이 되어 자신과는 잘 맞지 않는 이름을 가진 사람이라고 판단할 수 있다.

09

실제 이름을
지어보자

지금부터는 앞에서 배운 작명 방법
을 토대로 삼아 실제로 이름을 지어보자.

나쁜 작명의 예

첫째, 이름을 지으려면 먼저 출생한 생년월일시의 사주를 바르게 풀어야
한다. 예를 들어 양력 2014년 3월 8일 22시에 태어난 박(朴)씨 성의 남자 아
기가 있다고 하자. 제일 먼저 사주를 작성해야 하는데, 이 아기의 사주는 다
음과 같다.

	시	일	월	연
천간	癸	戊	丁	甲
	水	土	火	木
지지	亥	寅	卯	午
	水	木	木	火

이 사주는 무(戊)토 일간이 봄 밤에 태어났다. 무(戊)토란 사물로 보면 흙이 쌓여 있는 작은 동산이다. 자신의 세력은 무(戊)토와 정(丁)화와 오(午)화 모두 3개가 되니 일간 무(戊)토의 세력이 약하다. 따라서 무(戊)토 일간의 기운을 생하여 보강하는 오행으로 화(火)가 사주의 균형을 맞춰주는 용신이 된다. 또 같은 비견·겁재인 오행으로 토(土)는 사주의 균형을 맞추는 희신이 된다. 그러면 한글의 음령오행에서는 이름의 초성이 화(火)나 토(土)가 되도록 작명하면 된다. 한글 음령오행의 화(火)는 ㄴ, ㄷ, ㅌ, ㄹ이고 토(土)는 ㅁ, ㅂ, ㅍ이다. 그 다음 81획수에 맞춰 길한 획수를 적용하고, 마지막으로 한자에 화(火)와 토(土)의 뜻이 담긴 부수를 찾으면 된다. 화(火)와 토(土)의 부수는 화(火), 일(日), 토(土) 등이다.

사주를 작성하고 풀이하여 중화를 시켜주는 용신의 오행을 찾았다면, 이번에는 그 용신 오행에 맞춰 한글의 음령오행을 찾아야 한다. 성이 박이니 박의 초성 ㅂ은 오행에서 토(土)이다. 그리고 이 사주의 용신은 화(火)와 토(土)다. 따라서 음령오행은 이름의 초성이 토화토(土火土)나 토토화(土土火), 또는 토화화(土火火) 정도로 지어 주면 된다. 그러면 박태민, 박태빈, 박민태,

박대민 등 음령오행에 맞는 이름을 대략 정해 놓을 수 있다. 만약 이 중에서 박태민이라는 이름이 부르기 쉽고 듣기에도 세련되어 보여 음령오행을 적용한 한글 이름으로 박태민이라 지었다고 가정하자. 이 다음은 음령오행에 맞춰 지은 박태민이란 한글 이름에 원형이정의 4격에 맞추어 81수리에서 좋은 수에 해당하는 한자를 찾아 적용하면 된다.

예를 들어 기쁠 태(兌), 화할 민(旼)을 써서 태민이라고 지었을 때 원형이정의 수리로 계산해 81수를 맞춰보자. 이름의 첫 자인 태(兌)는 7획, 이름의 끝자인 민(旼)은 8획이다. 원격은 7수와 8수를 합친 16획으로 덕망운이다. 부귀영화를 누리고 부부금슬이 좋으며 가정이 화목하고 행복한 삶을 살아가는 좋은 수이다. 형격은 이름의 첫 글자인 태(兌)의 획수 7과 성인 박(朴)의 획수 6을 합친 수 13이다. 13은 지달운으로 총명하고 지혜가 뛰어나 성공하여 부귀영화를 누리는 좋은 수이다. 이격은 성인 박(朴)의 6과 이름이 끝 글자인 민(旼)의 8을 합친 14다. 14는 파괴운으로 관재구설이 생기고 풍파가 많은 나쁜 수이다. 마지막은 정격으로 이름의 획을 모두 합친 수이다. 박(朴)의 6획과 태(兌)의 7획, 민(旼)의 8획을 모두 합친 수는 21수로 두령운이다. 대업을 달성하여 지도자가 되고 부귀영화를 누리는 좋은 수이다. 이렇게 보면 원형이정의 4격에서 이격만 나쁜 수이고 나머지 원격, 형격, 정격은 모두 좋다. 하지만 수리성명학에서는 원형이정 4격 모두 좋은 수로 이름을 지어야 한다. 따라서 이 이름은 양력 2014년 3월 8일 22시에 태어난 박(朴)씨 성의 남자 아기에게 좋은 이름이 아니다.

종합해 보면 양력 2014년 3월 8일 22시에 태어난 박(朴)씨 성의 남자 아기 이름을 박태민(朴兌旼)이라고 지었을 경우 수리오행 성명학, 음령오행 성명학, 사주의 중화작명법 가운데 음령오행 성명학과 사주의 중화 작명법에는 부합되지만 수리오행 성명학에는 맞지 않는다고 할 수 있다. 수리성명학과 음령오행 성명학, 사주의 중화작명법을 모두 종합해 작명을 해야 하는데 이같이 한 가지 작명법이 틀리게 지은 것은 좋은 이름이 아니다. 그러나 작명을 하다보면 완벽하게 맞추어지지 않을 경우의 이름도 있다. 그럴 경우에는 이렇게 하나 정도는 맞추어지지 않게 지을 수도 있다.

좋은 작명의 예

양력 2014년 8월 5일 20시에 태어난 김(金)씨 성의 여자 아기가 있다고 하자. 아이의 사주는 아래와 같다.

	시	일	월	연
천간	壬	戊	辛	甲
	水	土	金	木
지지	戌	申	未	午
	土	金	土	火

사주를 풀어보자. 이 사주는 무(戊)토 일간이 여름철 밤에 태어났다. 사물

로 보면 흙이 쌓여 만들어진 큰 산의 형상으로 볼 수 있다. 자신의 세력은 무(戊)토와 월지의 미(未)토, 시지의 술(戌)토 그리고 연지(年支)의 오(午)화로 모두 4개이며 월지가 미(未)토이니 일간의 세력으로 들어와 있다. 그래서 일간 무(戊)토의 기운이 왕성하다. 왕성한 무(戊)토 일간은 기운을 극해 주어야 사주의 균형이 맞게 되니 이 사주에서 용신은 일간이 극하거나 일간을 극하는 오행으로 정하면 된다. 즉 토(土)가 극하는 것은 수(水)나 토(土)를 극하는 목(木)이 그것이다. 그런데 뜨거운 여름철에 태어났으니 뜨거운 땅을 식혀주는 물이 나무보다 더 좋을 수 있다. 오행에서는 수(水)와 목(木)을 용신으로 정하되, 목(木)보다는 수(水)가 더 좋은 것이다. 이제는 한글의 음령오행에서 이름의 초성이 수(水)나 목(木)이 되도록 작명하면 된다. 한글 음령오행의 수(水)는 ㅇ, ㅎ이다. 목(木)은 ㄱ과 ㅋ이다. 그 다음 81획수에 맞춰 길한 획수를 적용하고, 마지막으로 한자에 수(水)와 목(木)의 뜻이 담긴 부수를 찾으면 된다. 수(水)와 목(木)의 부수는 水, 氵, 木, 艹 등이 있다.

이번에는 용신 오행에 맞춰 한글의 음령오행을 찾아보자. 성이 김이니 김의 초성 ㄱ은 오행에서 목(木)이다. 그리고 이 사주의 용신은 수(水)와 목(木)이다. 따라서 음령오행은 이름의 초성이 목목수(木木水)나 목수수(木水水), 목수목(木水木) 정도로 지어 주면 좋겠다. 그러면 김가영, 김연화, 김윤아 등으로 한글 이름의 음령오행에 맞춰 대략적인 이름이 나온다. 여기서는 김연화라는 한글 이름으로 정했다고 가정하자. 다음은 이 음령오행에 맞춰 지은 김연화라는 한글 이름에 원형이정을 적용해 81수리에서 좋은 수에 해당하는 한자를 찾아보자.

김연화라는 한글 이름에 맞는 한자로 넓을 연(衍)과 화목할 화(和)를 맞추었다. 이제 원형이정의 수리를 계산하여 81수에 적용해볼 차례다. 이름의 첫 자인 연(衍)은 9획, 이름의 끝자인 화(和)는 8획이다. 그러면 원격은 9수와 8수를 합친 17획으로 건창운이다. 권력과 명예를 얻고 대업을 성취하여 사람들로부터 존경을 받고 부귀하는 좋은 수이다. 형격은 이름이 첫 글자인 연(衍)의 획수 9와 성인 김(金)의 획수 8획을 합친 수는 17이며, 역시 건창운으로 부귀하는 좋은 수이다. 이격은 성인 김(金)의 8획과 이름의 끝 글자인 화(和)의 8획을 합친 16수로 덕망운이다. 16수는 부귀영화를 누리고 부부금슬이 좋으며 가정이 화목하고 행복한 삶을 살아가는 좋은 수이다. 마지막으로 정격은 성과 이름을 모두 합친 수로 김(金)의 8획과 연(衍)의 9획과 화(和)의 8획을 모두 합친 25수로 복수운(福壽運)이다. 건강하고 편안하며 부부금슬이 좋고 행복한 가정을 꾸리며 부귀영화를 누린다. 정리해보면 원형이정의 4격이 모두 좋다. 이렇게 수리성명학에서는 원형이정 4격 모두 좋은 수로 이름을 지어야 한다. 따라서 김연화라는 이름은 양력 2014년 8월 5일 20시에 태어난 김(金)씨 성의 여자 아기에게 좋은 이름이 된다.

인생의 운 사주·성명학 편

1판 1쇄 인쇄 2015년 4월 30일
1판 1쇄 발행 2015년 5월 3일

지은이 조규문

발행인 양원석
편집장 김순미
해외저작권 황지현, 지소연
제작 문태일, 김수진
영업마케팅 김경만, 임충진, 최경민, 김민수, 장현기,
　　　　　　이영인, 정미진, 송기현, 이선미

펴낸 곳 ㈜알에이치코리아
주소 서울시 금천구 가산디지털2로 53, 20층(가산동, 한라시그마밸리)
편집문의 02-6443-8842 **구입문의** 02-6443-8838
홈페이지 http://rhk.co.kr
등록 2004년 1월 15일 제2-3726호

ISBN 978-89-255-5619-2　03150